EMILIE VITEAU-THIERS

Sois toi-même,
tous les autres
sont déjà pris

Du même auteur

Je suis un tueur humaniste (Paul&Mike, 2017 ; lauréat du Festival du premier roman de Chambéry 2018)

www.editions-jclattes.fr

David Zaoui

SOIS TOI-MÊME, TOUS LES AUTRES SONT DÉJÀ PRIS

Roman

JC Lattès

Couverture : djohr

ISBN : 978-2-7096-6399-1

À mes parents, dont la bonté
et le merveilleux font de moi un fils privilégié.

« Deux routes divergeaient dans un bois, j'ai pris la moins fréquentée. Et cela a fait toute la différence… »

Robert Frost

Prologue

À l'âge de vingt-cinq ans, j'ai appris que ma grand-mère était atteinte de la maladie d'Alzheimer. Le professeur Mayan, neurologue, lui avait prescrit de nombreux examens, et nous avions rendez-vous pour qu'il nous en fasse le compte rendu. Ma mère était alitée ce jour-là, c'est donc moi qui accompagnais Daisy – grand-père Prospero avait été terrassé par un arrêt cardiaque six mois plus tôt.

Gras comme un lardon, les yeux aussi verts et pénétrants que ceux d'une panthère qui vous pourchasse, le professeur Mayan a annoncé la sentence comme on réclame un demi à un barman :

— Madame, j'ai le regret de vous dire… z'avez Alzheimer !

J'ai baissé la tête, sous le choc.

— Je m'en sortirai, a rétorqué Daisy en haussant les épaules.

— Et… ça implique quoi ? ai-je demandé.

— Une perte progressive de mémoire… D'autonomie aussi.

— Perdre la mémoire ? C'est fantastique ! s'est exclamée Daisy.

Le professeur notait sur une ordonnance vierge le traitement à suivre.

— Il va falloir la placer quelque part ? ai-je questionné.

Avant même qu'il ait le temps de répondre, elle est intervenue :

— Jamais de la vie !

À bien l'observer, je n'avais pas le sentiment qu'elle se rendait compte de la situation.

Le professeur Mayan s'est arrêté d'écrire, a posé son stylo et ôté ses lunettes à monture métallique pour considérer ma grand-mère. Elle lui a décoché un regard noir.

— Il va lui falloir plus d'aide au quotidien, m'a-t-il expliqué.

— Alfredo, on y va ! a rouspété Daisy.

— Mamie, attends…

Elle s'est levée brusquement.

— Quoi ? J'ai Alzheimer, j'ai Alzheimer ! Ça n'empêche, faut vite rentrer à la maison, y a *Derrick* à 18 heures !

J'ai bondi pour la rattraper alors qu'elle s'apprêtait à sortir, de sa démarche peu assurée.

— Ça ne va pas être facile tous les jours, a ajouté Mayan. Attendez-vous à des moments compliqués. On pourra lui chercher une place dans une maison de retraite d'ici quelque temps.

— Une maison de retraite ? Vous ne connaissez pas ma grand-mère ! Plutôt la convaincre d'aller vivre en Alaska !

Il a remis ses lunettes et s'est enfoncé dans son siège sans me lâcher des yeux.

— L'Acolyte utile, vous connaissez ?

— ... ?

— C'est une association.

— Une association pour s'occuper de ma grand-mère ? Vous voulez qu'elle m'étrangle ?

— Mais non, c'est une association qui s'occupe de singes, de capucins plus précisément.

— Quoi ? Qu'est-ce que c'est que cette histoire ?

Il nous a fait signe de nous rasseoir.

— Ça s'appelle de l'aide simienne. Ils ont fait l'expérience auprès de personnes handicapées, aux États-Unis et en Amérique du Sud, au sein de plusieurs maisons de retraite, mais aussi à domicile. Des singes capucins, très gentils, apprivoisés et parfaitement dressés, sont capables d'accompagner les personnes âgées dans leur vie quotidienne. Ils peuvent réaliser toutes sortes de tâches, jusqu'à une cinquantaine environ, comme préparer un café, débarrasser la table, allumer la lumière, apporter les médicaments, ce genre de chose...

— Des singes dressés pour assister des personnes âgées, dites-vous ?

— Tout à fait. L'association est même reconnue d'utilité publique et ses prestations prises en charge, en partie, par la Sécurité sociale. Renseignez-vous, c'est tout nouveau. Je vais vous noter les coordonnées. Voilà. Ça fera cent vingt euros, a conclu le professeur en signant énergiquement la feuille de soins de Daisy.

Quelques semaines après cette entrevue, un responsable de L'Acolyte utile a débarqué chez ma grand-mère. Il tenait par la main un singe capucin aux yeux vifs qui nous scrutait sans relâche, elle et moi.

Daisy était assise dans son rocking-chair, elle se balançait tout en regardant l'animal d'un air dubitatif. Moi, je discutais avec le représentant de l'association qui m'expliquait ce qu'il fallait lui donner à manger et à boire.

Le capucin était sage, il ne bougeait pas ; de mon côté, je l'étudiais comme un enfant découvrant un nouveau membre de sa famille.

Il pesait moins de trois kilos et ne mesurait pas plus de quarante centimètres, sans compter sa queue qui devait faire à peu près la même longueur. Marron foncé, son pelage dessinait un col blanc au niveau du cou jusqu'en haut du crâne, ce qui donnait l'impression qu'il portait une capuche. Ses grands yeux noisette oscillaient sans arrêt, ils semblaient suivre sa pensée.

— Laissez-la prendre ses marques. Elle va vous observer et s'habituer à vivre avec vous, nous a conseillé le dresseur.

— Avec ma grand-mère, ai-je rectifié.

— Avec votre grand-mère, oui. Vous pourrez lui apprendre quantité de choses, mais pour commencer, pendant quelques jours, je viendrai pour guider votre grand-mère avec son nouveau compagnon.

— Quel âge a-t-il ? ai-je demandé.

— C'est une femelle. Elle a quatre ans. Pour la petite histoire, elle est née au Costa Rica, où notre association l'a recueillie il y a deux ans. Depuis, nous l'avons éduquée pour l'aide simienne. Elle est totalement autonome aujourd'hui.

— Et… ça vit longtemps ?

— Elle peut vivre environ quarante ans, si elle est bien traitée. Voulez-vous que je la dresse pour quelque chose en particulier dans les jours à venir ?

— Pouvez-vous lui apprendre à chanter *No woman no cry* de Bob Marley ? est intervenue Daisy.

— Je vous demande pardon ?

J'ai soufflé à l'oreille du dresseur :

— Ne tenez pas compte de ce qu'elle dit, elle déraille un peu.

— Ou bien… En fait, j'aimerais que vous lui appreniez à faire des lasagnes, a repris ma grand-mère, le regard opaque. C'est possible, ça ?

Après le départ du représentant de l'association, Daisy est restée devant *Derrick*, sa série préférée. Étrangement, elle ne prêtait guère attention au nouveau venu. Moi, je faisais un peu l'abruti en tapant sur mes cuisses et en faisant des grimaces au singe, qui me fixait avec scepticisme.

— Faut qu'on lui trouve un prénom, mamie.

Daisy, sans dévier l'œil de l'écran télévisé, a répliqué du tac au tac :

— On n'a qu'à l'appeler Derrick.

— Non, c'est nul !

J'ai regardé le singe.

— Je m'appelle Alfredo. Alfredo !

Le capucin s'est gratté le menton et m'a adressé un large sourire avec ses dents bien alignées.

Je lui ai montré du doigt ma grand-mère.

— Et elle, c'est Daisy. Ma mamie.

Le singe se tenait debout devant moi et me dévisageait en grattant le haut de son petit crâne. Puis il a clopiné jusqu'au balcon, et, du quatorzième étage de la tour, a contemplé la ville de Paris, baignant dans la lumière du crépuscule.

Après quoi, il s'est approché de Daisy et a tiré sur sa chemise de nuit, comme pour retenir son attention. Surprise, ma grand-mère a quitté des yeux le poste un instant pour considérer l'animal. Il a grimpé sur ses genoux avec agilité et est resté ainsi, à la scruter avec curiosité.

— Elle veut quoi ? a fait ma grand-mère.

— J'sais pas.

Puis, tout à coup, le singe a fait un bond et atterri sur le canapé, où il s'est installé confortablement. Dans un silence religieux, nous avons regardé le feuilleton télévisé tous ensemble.

À un moment, Derrick, avec son autorité naturelle, a dit : « Très bien, je vais demander à Schmidt. »

— Voilà, elle s'appellera Schmidt ! s'est écriée Daisy en battant des mains.

Je n'ai pas moufté.

Au générique de fin, ma grand-mère s'est dirigée vers sa chambre pour aller se coucher. Schmidt l'a observée tandis qu'elle traversait la salle à manger avec difficulté. Le capucin a éteint la télévision et, à quatre pattes, lui a emboîté le pas.

Je les ai rejoints.

Dans la chambre, les derniers rayons du soleil s'infiltraient par les persiennes. Daisy s'était mise au lit et Schmidt, de ses petites mains, la bordait tendrement. Quand le capucin a quitté la pièce, ma grand-mère m'a regardé, incrédule, et m'a demandé :

— Elle va où ?

— Est-ce que je sais ?

Schmidt est revenue avec un livre et un étui à lunettes, qu'elle a donnés à Daisy, avant de s'asseoir à côté d'elle en me fixant comme pour dire : « Ne t'inquiète pas, Alfredo. À présent, je veillerai sur ta mamie. »

1

Quelques années s'étaient écoulées depuis lors, et ma grand-mère s'entendait à merveille avec son nouveau compagnon. Pour ma part, j'habitais toujours au même endroit ; une cité, à Pantin, où j'étais né. J'occupais un petit studio, au deuxième étage d'une HLM toute déglinguée. Mes parents vivaient en face, sur le même palier, dans un F4. Ils avaient obtenu leur logement grâce au 1 % patronal en 1983, quatre ans avant ma naissance.

Ce matin-là, tandis que je rêvassais, paresseusement allongé dans mon lit, mon regard s'est arrêté sur l'horloge accrochée au mur, que mes parents m'avaient offerte quand j'avais quatre ans ; dessus, le dessin de Winnie l'Ourson était à peine érodé. Puis mes yeux se sont posés tour à tour sur le bureau, la bibliothèque, le chevalet et la boîte métallique où je rangeais pinceaux, fusains, feutres et tubes de peinture, avant de revenir se fixer sur l'aiguille des secondes qui trottait, impassible.

Je me suis senti envahi par la mauvaise conscience. Une journée de plus passait sans que j'arrive à peindre. Cela ferait bientôt trois mois. L'ennui et la frustration me rongeaient. Cette forme d'impuissance à me réaliser aussi. Rien ne marchait comme je le voulais et je n'étais même pas certain d'être fait pour la peinture. Ma vie ressemblait à une toile en devenir. Toutes les couleurs m'interpellaient, mais celles que je choisissais ne trouvaient pas leur chemin.

Ironique, l'aiguille enchaînait les tours de cadran. « Tu doutes, Alfredo ? Bien sûr que tu doutes de toi… » Je m'enfonçais dans ma léthargie, obstiné à broyer du noir, lorsqu'un rayon de soleil s'est frayé un passage par les volets entrebâillés pour me tirer de ma rumination. « Alfredo, un vrai loser, ce n'est pas un type qui doute de soi. C'est quelqu'un qui ne se remet jamais en question et qui tient la réalité pour seule responsable de ses échecs. Ce n'est pas toi, ça, Alfredo, ça ne te ressemble pas ! »

Comme je n'avais pas encore percé en tant que peintre, j'allais de petit boulot en petit boulot, grâce à mon conseiller Pôle Emploi, Bertrand Bubard. Il m'avait orienté vers toutes sortes de jobs alimentaires motivants, le dernier en date étant laveur de voitures. Grâce à une formation express dans un garage miteux du 20e arrondissement, j'avais appris comment nettoyer l'intérieur d'une auto et en astiquer la carrosserie. Mon conseiller Pôle Emploi m'avait aussi positionné comme livreur de pizzas. J'avais sillonné les 9e et 10e arrondissements de Paris sur ma mobylette pour le compte de Pizza Grandiose. Passionnant.

À 15 heures passées, il était temps d'aller déjeuner. Je me suis habillé en vitesse et suis descendu manger une salade chez mon ami Nassim, qui tient un petit bar du nom de *Tchao Pantin*, au bout de la rue. Sociologiquement parlant, les tours HLM sont captivantes. On y côtoie des gens originaires du monde entier. Toutes les sensibilités y sont représentées, et c'est souvent dans le hall d'immeuble ou dans l'ascenseur qu'on évoque ses idées politiques.

Dans l'ascenseur, j'ai croisé mon voisin Martial l'Antillais, en tenue de sport.

— Ça va, monsieur Martial ?

— Là, je vais courir.

Motivé, il soufflait en faisant des flexions dans l'ascenseur pour s'échauffer.

— Ça vous plaît de courir ?

— Ah oui ! Ça me rend heureux. Tu n'aimes pas courir, toi ?

— Non.

— Pourquoi ?

— Ben… Ça ne me rend pas heureux de courir.

— Tu devrais essayer.

« Alfredo Scali, me suis-je dit, et si tu courais un peu pour te bouger ? C'est une idée, ça ! »

Les portes de l'ascenseur se sont rouvertes, et Martial s'est élancé dans le hall d'entrée comme une fusée.

— Allez ! C'est parti !

Il est sorti de l'immeuble au pas de course. Au même moment, Janvion, un autre voisin, est entré dans le hall avec ses sacs de commissions. Il s'est retourné pour suivre du regard Martial, déjà loin.

— Un bel abruti, celui-là. J'te foutrais ça dans une benne…

J'ai esquissé un petit sourire gêné.

Janvion m'a toisé sans y répondre. Je savais qu'il lisait *Minute*.

Quand je suis entré dans le bar, Nassim essuyait les verres derrière son comptoir. La télé diffusait des clips de rap.

— Alfredo, comment va ?

— Et toi ?

Je réponds souvent par « Et toi ? ». Ça m'évite d'entrer dans les détails de mon existence, qui ne regorge pas de nouvelles excitantes ces temps-ci. Mais Nassim est du genre curieux.

— Ça va, ton père ? Je ne le vois plus trop, le matin…

— Il vit une histoire d'amour avec sa nouvelle machine à café.

Je me suis installé à une table.

— Et tes peintures, alors ? Ça marche ? Tu en vends ?

— Bah… pas facile… Les galeristes ne comprennent rien. J'ai l'impression que je vais encore trimer longtemps. Tu me fais une salade au thon ?

— Habib ! Fais-moi une salade au thon ! a crié Nassim au cuistot.

Puis il a contourné le bar et s'est assis face à moi.

— Ne te démoralise pas, Alfredo. Les plus grands, personne ne croyait en eux au départ. Regarde mon grand-père, il était bottier à Constantine. Il ne vendait pas de bottes, au début. Il n'en a jamais vendu, en fait. Mais… il est mort avec l'espoir d'en vendre un jour ! Toi, tu peins quoi, en ce moment ?

— Le rêve d'un ours bipolaire.

Nassim m'a regardé avec des yeux aussi vides que ceux d'un hareng qui lirait du Dostoïevski.

— Pourquoi tu ne peindrais pas la raie de mon cul ?

Il a piqué un fou rire, et j'ai rigolé à mon tour. Après tout, il ne connaissait rien à la peinture. Et peut-être qu'avec mes œuvres, j'étais un peu à côté de la plaque moi aussi.

Il faut dire que j'avais décidé de peindre l'inconscient des animaux pendant leurs rêves. J'ai grandi avec un père passionné d'animaux. Un personnage étonnant, mon paternel. Il travaillait depuis plus de vingt ans dans un zoo comme soigneur animalier. Il œuvrait même depuis plusieurs années à la rédaction d'un ouvrage philosophique sur « la pensée métaphysique de l'animal en cage ». Il prétendait que ce serait un ouvrage de référence.

À bien y réfléchir, rien ne tournait tout à fait rond autour de moi. Comment aurais-je pu, dans ces conditions, devenir épistémologue ou ingénieur en aéronautique ? Pouvais-je faire autre chose que peindre le rêve des animaux ? Un cadre familial, avec sa folie et ses névroses, ça s'incruste en vous, ça vous imprègne, surtout si vous ne coupez pas les ponts. Moi, je peins comme d'autres gravent leurs mots, caressent leurs instruments de musique ou sculptent la matière en lui donnant une âme pour l'éternité, je peins avec les couleurs de ma vie, que je dépose sur ma toile vierge.

J'ai attaqué ma salade au thon pendant que Nassim regardait la télé en buvant un Coca-Cola. On n'entendait pas un bruit dans le bar, juste le son des clips de rap. Je m'interrogeais : « Que dois-je faire aujourd'hui, déjà ? Ah oui ! Daisy m'a demandé un petit service. Faire un montage sur l'ordinateur. Je dois récupérer quelques épisodes de *Starsky et Hutch* puis effacer Hutch de tous les plans. Supprimer Hutch, toujours, sinon Schmidt va pousser des hurlements. »

Nassim s'est levé d'un coup et m'a proposé une partie de baby-foot. J'ai refusé. Alors, il m'a dit que, si j'acceptais, il m'offrait une part de tarte aux pommes.

J'ai joué une bonne demi-heure, gagné trois parties et ma tarte aux pommes, et Nassim a fait la gueule comme si un drame s'était produit dans sa famille.

Puis je suis allé me promener.

En traversant la rue, j'ai croisé une fille splendide, une belle brune aux cheveux soyeux. Je me suis retourné, évidemment : j'ai pour habitude de regarder les femmes en trois dimensions – droit dans les yeux et droit dans la cambrure. Ah, quel fessier elle avait ! J'étais à deux doigts de l'aborder pour lui dire que j'étais peintre et qu'il fallait que je fasse son portrait, que son vénérable popotin… enfin que son visage était, comme il se doit, radieux. Mais je n'en ai pas eu le courage.

Je me suis dit : « Alfredo Scali ? Tout va bien ? Tu laisses passer ça ? De toute façon, tu n'oseras jamais, t'es un cave. Et puis… qu'est-ce que c'est que cette façon de considérer les femmes ? Un peu de classe, Alfredo ! »

Je me suis engagé sur le pont pour franchir le canal de l'Ourcq. Les parents se promenaient avec leurs enfants sur leurs petits vélos. Tout baignait ici dans une atmosphère d'innocence. J'ai flâné square Aragon, parmi les bambins qui chahutaient. J'ai écrasé la pelouse, irrégulière comme mon quotidien. Je songeais à mon avenir. « Alfredo, tu dois te rendre à l'évidence, tu as choisi une voie de garage avec la peinture. Si encore tu avais du talent… Tu penses que tu as du talent ? Les gens qui t'aiment le prétendent, tes parents ou ta grand-mère par exemple. Oui, mais toi ? Toi, tu n'y crois pas. Pourtant, tu voudrais tant que tes toiles soient suspendues dans le salon de vastes maisons ensoleillées. Qu'on puisse dire : "Vous savez, quand il était petit, Scali n'était pas un bon élève, il ne savait même pas dessiner des triangles ! Et pourtant, aujourd'hui, des écoles portent son nom." École Alfredo-Scali, ça sonne bien, quand même… Alfredo, réveille-toi ! Si tu n'y crois pas toi-même, qui croira en toi ? »

Soudain, j'ai reçu un coup sur la tête. Un ballon venait de heurter mon crâne en ébullition.

— Hé, Scali, fils de pute ! Tu nous la passes, la balle ?

J'ai reconnu les gosses de ma cité. J'ai tapé dans le ballon pour le leur renvoyer, mais tellement mal qu'il a fini sa course de l'autre côté du grillage. Les gamins m'ont copieusement injurié… Les insultes, dans les banlieues, ne sont pas des offenses ; elles relèvent plutôt du langage ordinaire. C'est ainsi qu'on entend souvent des choses comme : « Je te kiffe trop, bâtard ! »

Le petit Goran a escaladé la grille pour aller récupérer le ballon.

— Eh ! Viens taper la balle avec nous, l'intello de ma bite !

Ce gamin n'était pas allé à l'école Alfredo-Scali.

Je ne suis pas sportif pour un sou, mais je poursuivais ma rêverie : « Les biographes sont formels. Le grand Alfredo Scali se plaisait à jouer au foot avec tout le monde. C'était un homme ouvert, généreux, aimant les enfants. Un grand sportif. Allez, Alfredo, il faut y croire, merde ! »

Alors j'ai couru vers eux et, maladroitement, je leur ai fait une passe.

Alfredo Scali
24, rue Étienne-Marcel
93 500 PANTIN

Pantin, le 8/01/2017

Référence dossier Pôle Emploi : 158954 MJV 891

À l'attention de mon conseiller Pôle Emploi

Monsieur Bertrand Bubard,

Je suis de mauvaise humeur aujourd'hui, alors je vais vous le dire en toute franchise : vous commencez à me rendre dingue ! J'aime bien discuter avec vous d'écologie et de Trotski – même si je ne partage pas vos idées –, mais là n'est pas le problème. Vous me soumettez des offres d'emploi. Jusque-là, je saisis, c'est votre boulot. Mais m'envoyer à des rendez-vous à la mords-moi-le-nœud dans des villes que même mon GPS ne localise pas... Et tout ça pour vendre des alarmes à des vieux dans des cités pavillonnaires !

J'y suis allé, à ce rendez-vous. Le type était un abruti, arrogant, refoulant du goulot bien plus encore que mon oncle de Fréjus. Il m'a dit :

— Vous n'avez pas le profil pour vendre des alarmes, mais je peux vous former si vous êtes motivé.

— Mais qui peut être motivé pour vendre des alarmes à des vieux ?

— La formation portera sur ce point, justement : la motivation du démotivé.

Je vous l'ai expliqué plus d'une fois, monsieur Bubard, mais vous ne voulez pas l'entendre. JE SUIS PEINTRE. Je peins. Je suis un artiste ! Je ne souhaite pas vendre des alarmes, des mutuelles, des scanners ni même des tripes.

Voilà. Il fallait que je vous l'écrive pour bien commencer ma journée.

Sincères salutations,

Alfredo Scali

2

Je dormais quand le téléphone a sonné.
— Allô ?
— Alfredo, Alfredo ! Il est arrivé quelque chose de terrible ! Il faut que tu viennes, vite, vite !
C'était ma grand-mère. Son débit était rapide, je la sentais angoissée.
— Mais qu'est-ce qui se passe ? ai-je bredouillé, pas tout à fait réveillé.
— Rapplique !
Elle a raccroché. Bousculé mais, connaissant ma Daisy, pas si inquiet que cela, j'ai sauté sous la douche, je me suis préparé et j'ai filé vers le métro. Et je suis arrivé rue de Cambrai, dans le 19e arrondissement, au pied de la haute tour HLM où elle habitait. Quand j'ai sonné, elle m'a ouvert dans sa chemise de nuit rose bonbon.
— Tu as fait drôlement vite. Mais ce n'était pas si grave, tu sais.
— Mais mamie, tu m'as demandé de…

Elle m'a coupé la parole.

— Depuis quand tu m'obéis, toi aussi ?

Elle s'est assise sur le canapé en cuir. Derrière elle, une de mes toiles était accrochée : elle représentait le rêve fiévreux d'un cochon juste avant d'aller à l'abattoir. Enfin ça, j'étais le seul à le savoir. En fond sonore, j'ai reconnu *No woman no cry*, de Bob Marley. Cette chanson était sa marotte, à égalité avec *Derrick*. Peut-être même davantage, car elle rêvait depuis toujours de devenir chanteuse de reggae.

— Tu veux un beignet ? m'a-t-elle demandé.

— Mamie, qu'est-ce qui se passe ?

— Ils ne sont pas bons, mes beignets à la pistache ?

Daisy s'est levée lentement pour aller ouvrir la porte-fenêtre donnant sur le balcon : Schmidt était allongée sur le hamac.

— C'est Schmidt. Elle est terrible en ce moment !

— Comment ça ?

— Ce matin, j'étais en train de préparer un bouillon au poulet. J'ai essayé de la mettre dedans, et elle n'a rien voulu savoir !

— Mettre Schmidt dans le bouillon de poulet ?

Daisy est retournée s'asseoir sur son rocking-chair.

— Ouais. Et elle n'a rien voulu savoir. Comment va ton père ?

La maladie de Daisy s'aggravait sérieusement. J'ai regardé Schmidt qui oscillait, elle aussi, en contemplant la vue imprenable sur le Sacré-Cœur. Elle m'a fait un clin d'œil en croquant dans son beignet.

— Ton père ? a insisté Daisy.

Ma grand-mère maternelle ne me demande jamais de nouvelles de ma mère, car toutes deux ont pour habitude de s'appeler plusieurs fois par jour. Mais concernant mon père, comment dire… Daisy éprouve pour lui un mélange de répulsion et de fascination. Et elle sait que je l'aime plus que tout.

— Au zoo la semaine dernière, il a sauvé un enfant qui s'était introduit dans la cage aux fauves pendant qu'il leur donnait à manger des quartiers de viande, lui ai-je répondu. Il aurait pu y avoir un drame !

Elle m'écoutait tout en se balançant. J'ai poursuivi :

— Dans la même semaine, un zèbre a sauté par-dessus la barrière de sécurité. Ton gendre l'a rattrapé au lasso, l'a empoigné et l'a reconduit dans son enclos.

— Quel bon à rien, ton père ! a-t-elle commenté d'un air sombre.

Schmidt a quitté le balcon et m'a tapé dans la main pour me dire bonjour. Après avoir attrapé un autre beignet sur la table, elle est allée s'asseoir sur le canapé, non loin de Daisy.

— Mamie, je vais prendre Schmidt chez moi.

— Pourquoi ?

— Elle sera bien avec moi.

— De toute façon, elle ne veut plus m'écouter en ce moment. Elle devient terrible ! Tu ne veux vraiment pas un beignet ?

J'ai secoué la tête.

— Alfredo ?

— Oui ?

— Est-ce que tu m'aimes beaucoup ?

— Énormément.

— Qui gagnerait au ping-pong à ton avis, toi ou moi ?

— Toi, mamie, c'est sûr.

— Parce que tu m'aimes beaucoup, tu me laisserais gagner ?

— Ben…

— J'te fous la trempe au ping-pong, Alfredo !

— C'est sûr, mamie. Je t'aime, mamie.

— Oui, bon, tu en fais un petit peu trop quand même. Prends un beignet aux pistaches, j't'ai dit.

Et tout à coup, sans prévenir, ma grand-mère s'est endormie en ronflant très fort, la tête penchée sur le côté. Schmidt m'a jeté un long regard désolé. Puis elle a sauté dans mes bras.

Nous sommes rentrés à la maison. Mon père allait être fou de joie mais je ne voulais pas lui annoncer tout de suite la nouvelle. Je voulais d'abord voir ce que serait ma vie au quotidien avec le singe. Dans l'appartement, Schmidt s'est installée sur mon lit, très à l'aise, les mains croisées sous la tête, et s'est accordé un petit somme.

J'ai pris le téléphone.

— Mamie, elle doit dormir où ?

— Tu verras, a-t-elle rétorqué.

— Et je lui donne quoi à manger ?

— Faut qu'elle mange des beignets à la pistache pour son humeur.

— Mais où je vais trouver ça, moi, des beignets à la pistache ?

— Il te faut ma recette.

— Donne-la-moi.

— Non.

— Comment ça, non ?

— C'est une recette que je tiens de mon aïeul sous Napoléon.

— Mamie, s'il te plaît !

— Débrouille-toi, mais il faut qu'elle mange des beignets à la pistache.

— Et si elle en mange pas ?

— Eh bien, tu verras.

— Ma fenêtre reste souvent ouverte. Si elle s'éloigne, elle reviendra ?

— Tu verras.

— Elle peut bousiller mes toiles ?

— Tu verras.

— J'en parle à mon père ?

Elle a raccroché.

Je suis descendu chez l'épicier acheter des provisions pour Schmidt. Quand je suis revenu, elle était habillée en cow-boy.

— Schmidt !

Elle m'a souri d'un air roublard et a applaudi en sautillant sur place.

— Stop, stop, Schmidt ! C'est quoi ce cirque ?

En montant sur le rebord de la fenêtre grande ouverte, elle m'a montré du doigt un point tout en bas. J'ai vite compris. C'était la boutique de farces et attrapes du Sri-Lankais Sahani.

3

J'ai passé ma première nuit avec Schmidt. Elle a dormi tout près de moi. C'est du moins ce que j'ai remarqué quand j'ai ouvert un œil, vers midi. Je dors souvent jusqu'à cette heure, car bien rêver, c'est important.

Je me suis assoupi de nouveau, d'un sommeil léger, avant de me réveiller vers 14 heures. Mon premier réflexe a été de la chercher. Allongée sur le rebord de la fenêtre, elle prenait le soleil, déguisée en Dark Vador.

Dans la cuisine, j'ai préparé un café. La poubelle était ouverte et pleine de paquets de biscuits vides. Mon placard avait été dévalisé.

Le téléphone a sonné. C'était ma grand-mère.

— Comment va l'amour de ma vie ?

— Je vais bien, mamie.

— Pas toi. Schmidt.

— Elle va bien.

— Je lui chantais souvent *No woman no cry* au réveil, elle adorait ça : j'espère que ça ne lui manque pas.

— Ça a l'air d'aller.

— J'ai beaucoup réfléchi, tu sais, et ma décision est sans appel.

— Ta décision ?

— Oui. Ma décision.

— Je ne comprends pas.

— Tu ne comprends jamais rien !

— Mais quoi ?

— Prends de quoi noter et dépêche-toi.

J'ai attrapé un stylo et un bloc-notes.

Daisy s'était résolue à me transmettre sa recette des beignets à la pistache.

— Voilà, a-t-elle conclu. À présent, je vais au ski nautique. Je te rappellerai.

Et elle a raccroché.

J'ai lu et relu la recette, songeant qu'il me faudrait descendre de nouveau chez l'épicier faire quelques courses pour préparer les beignets de Schmidt, laquelle ne supportait apparemment pas d'en manquer. Mais je devais aussi avancer sur mes toiles. J'avais réussi, en prospectant, à décrocher trois rendez-vous avec des galeristes. Peut-être Schmidt allait-elle me porter chance. Elle somnolait toujours au soleil, dans son costume de Dark Vador. « Allez... je vais le garder, ce singe ! », me suis-je dit avant de traverser le couloir pour aller raconter ça aux parents.

Ma mère m'a ouvert.

— Je fais une tarte aux cerises ! a-t-elle claironné, avant de repartir en cuisine.

Mon père était en train de lire le journal au salon en sirotant une bière. C'était un dimanche tranquille.

— Les parents, il faut que je vous annonce quelque chose…

Ma mère a aussitôt déboulé, des grappes de cerises à la main.

— Tu as vendu une toile ? Trouvé un boulot ?

— Non.

Elle est retournée à sa tarte. Mon père a ôté ses lunettes, posé son journal et m'a demandé, plein d'espoir :

— Tu vas aller voir le rabbin ?

— Non plus.

Il a rechaussé ses lunettes et repris sa lecture. Une fois attablés tous les trois devant des escalopes à la milanaise, je leur ai expliqué :

— Mamie ne peut plus garder Schmidt. Elle a complètement perdu la boule. Elle a voulu la faire cuire dans du bouillon de poulet. J'ai dû la prendre à la maison.

Mon père m'a adressé un sourire triomphal, pendant que ma mère me fixait d'un air sévère en terminant sa bouchée.

— Pas question qu'il vienne ici, ce singe. Tu entends, Alfredo ?

— Pourquoi tu es mauvaise comme ça ? s'est offusqué mon père. C'est péché !

— Pas d'animaux à la maison ! a-t-elle renchéri. Jamais. Schmidt ou pas Schmidt !

— Jamais, jamais... même pas pour shabbat ? ai-je supplié.

Elle a posé sa fourchette pour réfléchir un instant.

— Hum... même pas pour shabbat.

— Tu n'as aucune humanité ! a lancé mon père en se dirigeant vers la cuisine.

Ma mère a vite compris ce qu'il manigançait.

— Luciano, qu'est-ce que tu fais encore ?

— Je fais quoi ? Je fais quoi ? Il faut bien qu'il mange, cet animal ! s'est défendu mon père.

Il est revenu les bras chargés de victuailles – pâté, charcuterie, côtes d'agneau, bananes et fruits secs.

— Tu es fou ! Tu ne vas pas lui donner tout ça, tu vas le tuer ! s'est exclamée ma mère.

— Schmidt fait partie de notre famille ! a-t-il conclu en se dirigeant vers mon studio.

Je suis resté au salon avec ma mère, qui me regardait d'un air renfrogné.

— Je suis fatiguée, m'a-t-elle confié. Ta grand-mère devient maboule. Ce matin, elle m'a appelée pour me dire qu'elle aimerait vivre dans un cartable en nougat. Elle a menacé l'infirmière qui vient lui rendre visite de la mordre si elle ne faisait pas des décalcomanies avec elle…

Je me suis approché et l'ai serrée fort dans mes bras. Elle m'a glissé au creux de l'oreille :

— Ça avance, tes toiles ?

J'ai eu un pincement au cœur. Mes parents s'inquiètent pour mon avenir. Ils ne roulent pas sur l'or, loin de là. Ma mère s'occupe de la maison et prépare inlassablement des pâtisseries. Mon père gagne un salaire de misère au zoo. Leur vie n'est pas rose tous les jours.

Ils mettent en moi tous leurs espoirs. Luca, mon frère aîné, vit en Floride. Il a réussi dans les affaires et épousé une femme pour qui les sacs, les chaussures et les bijoux sont plus importants que l'oxygène qu'elle respire. Il a choisi d'habiter loin de nous, avec sa tendre moitié qui nous considère comme des misérables, car le luxe et les biens matériels ne sont pas pour nous un principe de vie.

Voilà pourquoi il faut que je rassure ma mère, cette femme pour qui le souci de l'autre et des siens est primordial. Quand je la regarde, je pense souvent à cette phrase de Levinas : « "Après vous" : cette formule devrait être la plus belle définition de notre civilisation. » Cette formule, mes parents l'ont adoptée.

— Je vais avoir de bonnes nouvelles bientôt, ai-je glissé à l'oreille de ma mère.

J'ai lu le soulagement sur ses traits.

Mon père a surgi sur le pas de la porte, les mains vides.

— Elle était affamée, la pauvre !

Bertrand Bubard
Conseiller Pôle Emploi
188, avenue Jean-Lolive
93 500 PANTIN

Pantin, le 24/02/2017

Monsieur Scali,

J'ai bien reçu votre courrier. Pardonnez-moi pour le retard avec lequel je vous réponds, mais nous sommes débordés en ce moment.

Je saisis parfaitement votre requête mais sachez que peintre, du point de vue de Pôle Emploi, ça n'est pas vraiment un métier. Il n'y a d'ailleurs aucun code ROME concernant cette activité.

Je vous invite à mettre en ligne votre CV afin d'améliorer vos chances de trouver un emploi.

Je vous prie d'agréer, Monsieur, mes salutations distinguées.

Bertrand Bubard

Alfredo Scali
24, rue Étienne-Marcel
93 500 PANTIN

Pantin, le 27/02/2017

Référence dossier Pôle Emploi : 158954 MJV 891

À l'attention de mon conseiller Pôle Emploi qui de toute façon ne lit jamais ses courriers.

Monsieur Bertrand Bubard,

Je crois que vous êtes atteint du syndrome du fonctionnaire autiste programmé pour dire des conneries à répétition. Je le pense vraiment.

Vous savez, c'est comme quand vous allez dans une administration, que vous posez une question et que le type vous récite sa fiche. Vous lui reposez votre question et il persiste. Mot pour mot. Encore et encore. Vous êtes de ceux-là, Bubard !

J'ignore si vous avez bien lu mon courrier. Je ne le pense pas. Peut-être que vous avez éternué, que vous n'aviez pas de mouchoir sous la main et que vous avez pris ma lettre pour un kleenex ?

J'ai l'impression – que dis-je, la très nette certitude – de parler à un robot increvable ! Vous m'avez encore dirigé vers une offre d'emploi totalement inadaptée : cette fois, dans une usine de jouets à

Clichy-sous-Bois, afin de tester des toupies. Je suis PEINTRE, merde ! Inscrivez-le dans votre cerveau !

Bubard, ça rime avec renard, qui rime avec calamar, qui rime avec gros lard, qui rime avec...

Alfredo Scali

Bertrand Bubard
Conseiller Pôle Emploi
188, avenue Jean-Lolive
93 500 PANTIN

Pantin, le 13/03/2017

Monsieur Scali,

J'ai bien reçu votre courrier. Pardonnez-moi pour le retard avec lequel je vous réponds, mais nous sommes débordés en ce moment.

Je saisis parfaitement votre requête mais sachez que peintre, du point de vue de Pôle Emploi, ça n'est pas vraiment un métier. Il n'y a d'ailleurs aucun code ROME concernant cette activité.

Je vous invite à mettre en ligne votre CV afin d'améliorer vos chances de trouver un emploi.

Je vous prie d'agréer, Monsieur, mes salutations distinguées.

Bertrand Bubard

4

Il pleuvait à verse. Une giboulée violente. Le ciel était bas, si gris qu'il se confondait avec les toitures en zinc. Après avoir passé la matinée à arpenter la rue de Seine et le quartier Saint-Germain-des-Prés pour présenter mes toiles à des galeristes indifférents, j'étais place des Vosges, sous les arcades, et je patientais, portfolio en main.

La galerie de Jean-Louis Nigoud était fermée. Il m'avait pourtant dit au téléphone de passer à l'improviste dans la journée. J'attendais donc que ça ouvre, espérant un miracle. « Mais elles sont magnifiques, vos toiles ! Vous êtes un vrai coquin, dites donc ! Pourquoi ne pas m'avoir présenté plus tôt ces chefs-d'œuvre ? L'inconscient des animaux dans leurs rêves ! Le songe paisible du vautour à tête blanche du Malawi en voie de disparition ! Alfredo Scali, quel génie ! Nous allons sabrer le champagne et faire le tour du monde, mon trésor ! »

Au loin, j'ai vu sortir d'un porche un homme qui partait travailler, tout de blanc vêtu. Il fumait, l'air nerveux. Cette vision m'a fait songer à mon père, du temps où il officiait dans une blanchisserie : douze heures par jour à repasser du linge, suant à grosses gouttes. J'étais petit alors, mais je me souviens de sa pogne enveloppant ma main frêle, lorsqu'il m'emmenait à l'école avant d'aller travailler. Ah, il a trimé dur, mon père ! Il en a fait des boulots, avant de nourrir les animaux ! Il a été épicier, restaurateur, traiteur, vendeur de casseroles, transporteur, manutentionnaire, cordonnier, coupeur dans la confection, et même laveur de morts.

Plongé dans ma rêverie, j'ai patienté une bonne heure avant le retour du galeriste.

Quand je l'ai vu arriver, je lui ai emboîté le pas avec appréhension, et suis enfin entré dans cet espace blanc pas très spacieux mais épuré, où de la musique classique était diffusée en fond sonore. « Crois en toi, Alfredo Scali, et tiens-toi droit ! » J'ai jeté un rapide coup d'œil aux œuvres exposées. De l'art conceptuel, pas vraiment ma tasse de thé.

— Bonjour. Nous nous sommes téléphoné il y a quelques jours. Je suis Alfredo Scali.

Jean-Louis Nigoud, la cinquantaine très chic, s'est approché de moi. Il avait le regard fuyant, et ses cheveux blancs semblaient vouloir s'envoler dans toutes les directions.

— Ma patience a des limites, ça fait des jours que je vous attends ! m'a-t-il lancé d'un ton sec.

— Euh..., ai-je bredouillé, surpris. Je n'ai pas beaucoup de choses à vous présenter, mais ce que j'ai là...

— Voilà le problème avec vous ! Pas beaucoup de modèles à me présenter ! Je veux juste une chasse d'eau qui fonctionne !

Manifestement, il m'avait confondu avec un plombier qui ne brillait pas par ses compétences.

— Monsieur Nigoud, je suis Alfredo Scali, artiste peintre. Je vous ai appelé il y a quelques jours pour vous montrer mon travail. Vous m'avez proposé de passer aujourd'hui. Je ne connais rien aux chasses d'eau mais je peux regarder, si vous voulez. J'ai déjà installé des rideaux chez ma grand-mère.

Nigoud s'est senti tout bête. Il m'a dévisagé et m'a tendu la main en souriant. Je suis aussitôt entré dans le vif du sujet : j'ai posé mon portfolio sur son bureau en verre et j'en ai sorti quelques toiles. Bien que représentant des univers différents, toutes tournaient autour du même thème. Je voulais lui prouver que j'avais du style et une réelle personnalité artistique.

Il les a observées une à une en silence, en prenant son temps.

— Vous voulez un café ?

— Non, c'est gentil.

— De toute façon, la cafetière ne fonctionne pas, pas plus que la chasse d'eau. Et… pour être franc, Alfredo…

Il m'a fixé de son regard bleu et froid, avant de s'avancer au milieu de la salle en désignant certaines œuvres exposées.

— C'est ce genre de chose que je recherche !

J'ai examiné les tableaux. L'un d'eux était composé de confiseries collées sur la toile puis vernies ; un autre était un patchwork de bouts de tissu multicolores représentant un ballon de football entouré d'herbe, le tout peint en violet. Nigoud a observé la toile incrustée de bonbons, puis s'est tourné vers moi :

— Vous voyez celle-là ?

— Oui.

— Ça exprime quoi, selon vous ?

— Bah… Euh…

— Alors ?

— J'vois pas.

— Ça exprime l'enfance refoulée, naïve et fantasque, revenant au stade de l'art primitif. Vous comprenez ? Les bonbons symbolisent la gourmandise, l'innocence, mais aussi l'aspect pluriel de la folie résiduelle du sucre sur le sel amer désormais agglutiné à nos vies d'adultes !

J'ignore si Nigoud comprenait ce qu'il disait, et si l'artiste avait pensé à tout ça avant de coller ses confiseries sur la toile de jute, mais j'en doute... Le discours était plus important que l'œuvre en elle-même, de toute évidence. Nigoud s'est approché du ballon de foot, mais je n'ai pas osé lui demander ce que cette œuvre-là signifiait.

J'ai remarqué, un peu plus loin, un autre tableau géant arborant des coussins en forme de calligraphies japonaises. Quelque peu atterré, j'ai essayé de batailler pour me vendre.

— Monsieur Nigoud, c'est original ce que je fais. C'est *très* singulier. Le rêve du guépard, ça peut plaire.

— Je n'y crois pas.

— Mais si ! Le rêve du guépard qui voulait fuguer !

— Ça ne plaira pas ! a décrété Nigoud. Je connais bien le marché, mon grand.

— Écoutez, donnez-moi ma chance. Juste quelques jours. Vous exposez deux ou trois de mes toiles, vous verrez bien ce que ça donne.

— Non, a fait Nigoud en croisant les bras.

— Nigoud, laisse-moi ma chance ! ai-je hurlé.

— Quoi ?

J'avais perdu mon sang-froid, sans même m'en rendre compte. Il m'agaçait, ce type ! Il était si obtus... Pendant quelques secondes, j'ai cru très fort en moi et en mes toiles, par comparaison avec les daubes conceptuelles qu'il exposait. Submergé d'adrénaline, dépassant les doutes qui me paralysaient, j'ai su qu'un jour j'y arriverais. Cette certitude n'a duré qu'un instant.

Nigoud me scrutait d'un air étonné.

J'ai fixé la toile aux bonbons vernis, puis celle avec les coussins en forme de lettres japonaises. Je ne me suis pas démonté. J'ai rassemblé mes œuvres, les ai rangées dans mon portfolio, et j'ai quitté la galerie en clamant :

— Nigoud, tu es un irresponsable !

5

En arrivant au pied de l'immeuble, j'ai entendu Schmidt hurler. Inquiet, j'ai grimpé les escaliers en toute hâte et me suis précipité chez moi : le singe était allongé sur mon lit, les mains sur la tête, et poussait des petits cris d'effroi.

Ma mère tentait de l'apaiser.

— Elle hurle depuis au moins un quart d'heure, m'a-t-elle expliqué. J'essaie de la calmer, rien n'y fait !

J'ai vite compris. À la télévision, l'image s'était arrêtée sur Hutch. Pour une raison mystérieuse, Schmidt devenait hystérique à la vue du personnage interprété par David Soul. J'avais eu beau supprimer Hutch en refaisant le montage de l'épisode, il avait dû se produire un bug. J'ai éteint l'appareil. Schmidt s'est tue. Elle s'est redressée et nous a observés avec une expression de parfaite innocence.

Ma mère a levé les yeux au ciel.

— Un singe dans un appartement…

— Schmidt a toujours été formidable avec mamie, ai-je objecté. Tu aurais préféré qu'elle termine dans un bouillon de poulet ?

Elle s'est assombrie et a murmuré, comme pour elle-même :

— L'Alzheimer de maman est à un stade avancé maintenant... Elle va devoir partir dans une maison spécialisée.

J'ai eu un coup au cœur en apprenant ça. Je me suis revu, des années plus tôt, assis sur les genoux de ma grand-mère : elle me chantait une comptine italienne en battant la mesure, et je bougeais mes mains comme des marionnettes.

J'étais sans voix. Ma mère s'apprêtait à rentrer chez elle ; sur le pas de la porte, elle s'est retournée :

— J'ai fait de l'osso buco et une tarte aux abricots pour le dessert. Tu viens dîner ?

Puis elle est partie. Schmidt me regardait toujours, l'air désolé. Je n'avais même pas remarqué qu'elle était déguisée en pompier. J'allais avoir un problème un de ces jours avec Sahani et sa boutique de farces et attrapes.

Je me suis avachi sur mon lit. Schmidt a dû ressentir mon désarroi. Elle a attrapé mon portfolio, l'a ouvert et en a sorti mes toiles.

— Schmidt, eh !

Elle a mis un doigt devant sa bouche comme pour dire « chut ! ». Elle a contemplé mes œuvres en se grattant le menton, dubitative. Puis elle les a délicatement rangées à leur place avant de se mettre au lit, sous sa couverture rose, et de s'endormir.

J'entendais ses légers ronflements. Il faisait sombre. La pluie n'avait pas cessé. J'ai eu envie de pleurer. J'étais découragé et, en même temps, je m'en voulais. Je me sentais coupable de baisser les bras si vite. Au fond de moi, je voulais être un battant, mais au moindre obstacle, je quittais le navire.

« Alfredo Scali, me suis-je dit, va courir ! Il a raison, Martial. Tu as besoin d'épuiser ton mal-être. Tu auras un point de côté au bout de six minutes. Tu rentreras éreinté, car tu es une petite nature, mais ça te fera du bien. Et puis, va savoir, ça te rendra peut-être heureux ! »

J'ai claqué la porte et dévalé les escaliers.

Je courais depuis une minute à peine quand j'ai croisé José, mon voisin espagnol accro au foot. Il promenait son chien, un Jack Russell.

— Hé, Alfredo ! Alors, tu as vu le Bayern ? C'est beau ce qu'ils ont fait, hein ?

Je me suis arrêté un instant pour lui répondre.

— José, je connais que dalle au foot.

Martial est apparu devant nous en tenue de sport. Il faisait son jogging, lui aussi.

— Scali, il faut courir ! m'a-t-il crié, sans même ralentir.

José m'a lancé un regard perplexe.

— Embrasse tout le monde chez toi, et surtout ton singe ! a-t-il ajouté. Dans la cité, les gamins se sont donné le mot. Ils veulent tous le voir !

Puis il m'a planté là pour poursuivre sa balade avec son terrier.

J'ai levé la tête en direction de la barre HLM. Malgré la pluie, je distinguais Schmidt, à la fenêtre de mon studio : elle me fixait. Elle m'a fait un grand sourire, et je me suis tout de suite senti un peu moins seul.

Je n'avais plus du tout envie d'aller faire un jogging, finalement. J'ai fait demi-tour et je suis rentré.

À la maison, j'ai donné à Schmidt un des beignets à la pistache que j'avais réussi à confectionner en suivant la recette de ma grand-mère. Ensuite, je me suis allongé tout trempé sur le lit, et j'ai pleuré de rage : j'avais encore déclaré forfait avant même d'essayer. C'est alors que Schmidt est venue se blottir contre moi. J'ai senti comme une chaleur réconfortante, et elle a déposé sur mon visage humide des tas de bisous étranges. Des bisous de singe.

Alfredo Scali
24, rue Étienne-Marcel
93 500 PANTIN

Pantin, le 13/03/2017

Référence dossier Pôle Emploi : 158954 MJV 891

À l'attention de mon conseiller Pôle Emploi qui porte des slips en pâte d'amande.

Bubard !

Laisse-moi t'insulter, puisque tu ne lis pas tes courriers. Crapule, j'en ai marre de toi ! J'ai dû encore me farcir un entretien dans le 13e à Paris. Et je vais te raconter l'épisode, même si tu t'en moques.

Après avoir reçu mon CV, le type m'a demandé une lettre de motivation. Une lettre de motivation... pour vendre des poissons exotiques ! Je lui en ai écrit une où, en gros, je lui disais que les poissons exotiques sont pour moi une seconde famille, des compagnons, des enfants, que je ne peux pas vivre sans eux – bref, tout le baratin possible et imaginable.

Le type me répond laconiquement par mail : « Venez me voir à la boutique, 113 avenue d'Italie, Paris 13e. »

Le lendemain, j'arrive au magasin. Des aquariums partout. Pas un bruit. Et ça sent tellement fort que, si je devais peindre cette odeur, je dessinerais peut-être des toilettes laotiennes. Il y a là-dedans des poissons de toutes les origines. Je vois s'avancer vers moi un bonhomme voûté. Je lui dis : « Vous êtes monsieur Raoul ? »

Lui : « Ouais. »

Moi : « Bah, je viens pour le job, vendeur de poissons exotiques. »

Et là tu sais ce qu'il me sort, Bubard ? D'un air accablé, les épaules courbées par le désespoir : « Ah, les poissons ! Ils ont niqué ma vie… »

Du coup, on a papoté. Il venait de perdre son chat, qui s'appelait Croquette ou Conserve, je ne sais plus… Je lui ai promis de lui en faire le portrait.

Voilà, Bubard.

Évidemment, il ne m'a pas embauché. Mais je reste en contact avec lui, au cas où l'envie me prendrait un jour d'acheter un poisson…

Je me posais d'ailleurs une question à ton propos : que penses-tu de ce poisson du nom de *Petenia Splendida* ?

Embrasse ta femme,

Alfredo Scali

Bertrand Bubard
Conseiller Pôle Emploi
188, avenue Jean-Lolive
93 500 PANTIN

Pantin, le 31/03/2017

Monsieur Scali,

J'ai bien reçu votre courrier. Pardonnez-moi pour le retard avec lequel je vous réponds, mais nous sommes débordés en ce moment.

Je saisis parfaitement votre requête mais sachez que peintre, du point de vue de Pôle Emploi, ça n'est pas vraiment un métier. Il n'y a d'ailleurs aucun code ROME concernant cette activité.

Je vous invite à mettre en ligne votre CV afin d'améliorer vos chances de trouver un emploi.

Je vous prie d'agréer, Monsieur, mes salutations distinguées.

Bertrand Bubard

Alfredo Scali
24, rue Étienne-Marcel
93 500 PANTIN

Pantin, le 03/04/2017

Référence dossier Pôle Emploi : 158 954 MJV 891

À l'attention de mon conseiller Pôle Emploi que je hais, mais que je trouve fascinant.

Monsieur Bertrand Bubard,
Tu es un fils de pute robotisé.

Alfredo Scali

6

Ce matin, j'ai reçu un appel laconique de mon conseiller Pôle Emploi, qui m'a fixé rendez-vous dans son bureau à 10 heures précises.

Arrivé dans ce vaste espace dédié à l'embauche, j'ai dû attendre une bonne heure avant que Bubard me reçoive. Parmi tous les visages autour de moi, pas un n'avait l'air épanoui. Une horde de mines défaites. On se serait cru dans un crématorium.

J'ai lu les offres d'emploi placardées au mur et pianoté sur l'ordinateur destiné à faciliter les recherches. Rien d'intéressant. Seulement de l'alimentaire. Ça m'a mis la pression : il fallait que je vive de ma peinture au plus vite, sinon j'allais encore me retrouver à distribuer des prospectus pour les restaurants de sushis du quartier.

Le personnel semblait dépassé par la gestion de cas compliqués qu'il fallait aiguiller pendant que certains visiteurs à bout se mettaient à gueuler. Dans ma grande mansuétude, je me suis surpris à penser : « Alfredo, ne lui en veux pas comme ça, à ton Bubard. Il ne fait pas un métier facile, mets-toi un peu à sa place, ne passe pas tes nerfs sur lui. Il y a des pays où Pôle Emploi n'existe même pas. Alors, vive la France, la France est infiniment bonne, la France, je l'aime ! Je ne dis pas que c'est pour toujours, mais en ce moment précis, Bubard, je te vois comme mon ami. »

Une jeune femme qui ressemblait à un lièvre contrarié est venue m'informer que M. Bubard m'attendait dans son bureau.

Il avait les cheveux gras, le visage luisant, et était habillé comme un plouc. Ce type qui me persécutait depuis des mois était le prototype du mec détestable. Il ressemblait à un cousin de Derrick, à un fonctionnaire de la Stasi, à un gardien de pénitencier à Cracovie. Il avait les dents jaunes, de grosses lunettes ovales – un modèle remontant au début des années quatre-vingt.

De la paperasse encombrait son bureau, à côté d'un ordinateur hors d'âge à l'écran énorme, et des photos d'enfants, sûrement les siens, étaient punaisées au mur derrière lui. Tout ici était poussiéreux et vétuste.

— Monsieur, j'ai un CDD d'un mois pour vous, a-t-il commencé franco. Ça n'est pas du tout dans votre branche, mais ça va faire neuf mois que Pôle Emploi vous verse des indemnités.

Et même si vous désirez devenir danseur de flamenco, il faut que vous…

Je l'ai interrompu.

— Je ne veux pas faire de flamenco, je suis peintre.

— Oui, oui, c'est pareil. Ce sont des passions ça, pas des métiers, m'a-t-il rétorqué. Il faut que vous travailliez un peu, ne serait-ce que pour cotiser et calmer le directeur qui exige des résultats. Vous comprenez, monsieur ?

— Bon. C'est quoi le job ?

— Déménageur à Nanterre.

— Mais j'ai une scoliose doublée d'une cyphose, je ne peux pas porter d'objets lourds. Vous voulez ma mort ?

— Vous ne porterez rien de lourd, m'a rassuré Bubard. Il s'agit de déménager des appartements ; il n'y a pas que des pianos à transporter. Vous pourrez vous charger des cartons pas trop volumineux.

J'ai croisé les bras en signe de désapprobation.

— Et ensuite, vous allez me proposer quoi, comme job ? Conducteur de tank ? Et si je ne sais pas conduire de tank, vous me direz quoi ? Que ça n'est pas grave, qu'il faut juste appuyer sur les boutons rouges ou bleus ?

— Monsieur…

— Vous ne pensez à moi que pour des jobs invraisemblables. Je vous fais la liste ? Vous m'avez même envoyé dans une usine de déodorants pour une mission de contrôle qualité des aérosols !

— Monsieur, je suis obligé de…

— OK, OK… ça va. J'irai la voir, votre boîte de déménagement, et si je meurs vous collerez une photo de moi à côté de celles de vos gosses…

Je me suis levé et il a pianoté, imperturbable, sur son ordinateur.

— Je vous envoie toutes les informations par mail. Il faut y être demain à 7 heures.

J'ai soudain eu envie de l'emmerder.

— Mais pourquoi vous êtes comme ça, Bubard ?

— Comment, comme ça ?

— Ben… comme ça. Je veux dire, vous n'entendez rien.

— Si, si, j'entends.

— Même quand je vous appelle Bubard ?

— Bubard, c'est mon nom, oui.

— Justement ! C'est votre nom, pas votre prénom.

— Et alors ?

— Mais vous faites quoi, quand vous rentrez chez vous, Bubard ? Vous regardez la télé, vous lisez des livres ? Vous faites du coloriage avec vos mômes ? Vous aimez colorier quels genres d'animaux ? Ça m'intéresse, Bubard.

— Vous êtes bien à la recherche d'un emploi, monsieur…

— Monsieur Scalope.

— Monsieur Scalope, oui.

— Non !

— Quoi non ?

— Je m'appelle Scali. Alfredo Scali. Bubard, vous êtes en dehors du monde !

— Le monde de Pôle Emploi, vous voulez dire ?

— Que pensez-vous de Bart Simpson ?

— C'est le directeur du Pôle Emploi d'une ville voisine ?

— Laissez tomber, Bubard. Vous êtes unique. Unique, vous entendez ? Unique, unique, unique…

Je lui ai tendu la main. La sienne était fuyante et moite. Il ne m'a même pas regardé en face. Avant de partir, j'ai eu envie de lui poser une dernière question.

— Vous lisez les lettres que je vous envoie, Bubard ?

— Bien sûr.

— N'ai-je pas toujours été courtois avec vous ?

— Cela va sans dire, monsieur…

J'ai quitté son bureau, rassuré sur un point : je pouvais continuer à l'insulter sans scrupule dans mes courriers pour me défouler.

Alors que je sortais du bâtiment Pôle Emploi, sur l'avenue bruyante, un homme d'une quarantaine d'années, maigre et au visage rouge comme une pastèque, m'a abordé d'une voix nasillarde pour me demander une cigarette. Je lui ai dit que je ne fumais pas.

— C'est qui ton conseiller ? m'a-t-il lancé.

— Bubard. Et toi ?

— Sanchez. Une vraie salope. Tu cherches dans quelle branche, toi ?

— Je suis peintre.

— Peintre en bâtiment ?

— Non. Peintre.

— Peintre en carrosserie ?

— Non, artiste peintre. Je peins des tableaux.

— T'as combien de RTT possibles par an ? a-t-il voulu savoir.

— Et toi, tu fais quoi ?

— Je coupe du bois. J'ai fait l'école Boulle.

— Une école pour la pétanque ? lui ai-je demandé, comme un con.

— Mais non ! C'est une école d'ébénisterie. Mais ça m'a fait suer, alors j'ai arrêté en cours de route. Moi, j'aime le bois, mais pas l'école. Le bois, tu vois, ça s'apprend pas. C'est un truc que tu as en toi ou pas. Au fait, je m'appelle Charlie.

— Alfredo.

On a pris le métro ensemble. Il m'a demandé si je pouvais l'accompagner chercher ses pantalons chez le tailleur, à deux stations de là. J'ai accepté. Il me racontait sa vie, il n'arrêtait pas de parler. Il était diabétique et se faisait des piqûres d'insuline. Il avait du mal à trouver un job à cause de son état de santé. Moi je le trouvais plutôt en forme. Dans le métro, il m'a parlé de toutes les variétés de bois possibles : l'ébène, le prunier, le néflier, l'acajou, le cormier, le santal qui était son préféré. Je l'écoutais d'une oreille distraite. Je pensais avec inquiétude à la dure journée qui m'attendait le lendemain. Alfredo Scali, le déménageur.

Dans la petite boutique de retouches, un Turc aux sourcils broussailleux travaillait, penché sur sa machine à coudre, tout en fumant la pipe. Il n'avait pas l'air commode. Il nous a lancé un regard de défiance.

— Tu veux tes pantalons, faut payer, a-t-il décrété. Sinon, pas de pantalons. Ça fait trente-deux euros, *orospu çocuğu*[1] .

J'ai vu Charlie se décomposer.

— Alfredo, est-ce que tu peux me rendre un service ? Tu règles le tailleur et on passe chez moi. J'habite porte de Pantin, je récupère ma carte bleue et ensuite je te rembourse, m'a-t-il dit.

Je n'ai pas vu de mal à ça. J'ai tendu ma carte de crédit au Turc, qui m'a scruté d'un air

1. « Fils de pute », en turc.

soupçonneux avant d'encaisser la note. Charlie a récupéré ses pantalons. Une fois dehors, il m'a tapé sur l'épaule, jovial.

— Si tu veux, on se revoit demain et on ira se promener un peu.

— Pour quoi faire ?

— On pourrait devenir copains. Je n'ai plus de copain depuis six mois.

— C'est quoi un copain pour toi ?

— Un copain, c'est un type qui ne me dit jamais non quand je lui demande un truc. Et pour toi, c'est quoi ?

— C'est un type qui, quand il me demande quelque chose et que je dis non, ne me casse pas les pieds pour autant.

— Ah…

Nous avons repris le métro. Lorsque nous en sommes sortis, porte de Pantin, nous sommes passés devant une épicerie.

— Voilà, j'habite juste au-dessus de chez l'épicier. Cool, non ?

Et Charlie est entré dans la boutique sans me demander mon avis. Je l'ai suivi.

— Je fais quelques courses, hein ! Faut bien manger, n'est-ce pas ?

Arrivé à la caisse, il m'a regardé.

— Tu m'avances ? On monte chez moi et je te rembourse.

J'ai payé quarante-quatre euros.

Quand nous sommes sortis de chez le maraîcher, avenue Jean-Jaurès, avec son sac de courses dans une main et dans l'autre ses pantalons, Charlie a allumé une cigarette.

Je croyais qu'il n'en avait pas.

— Mec, faut que je te dise la vérité, m'a-t-il confié. J'ai pas un rond et je ne vis pas au-dessus de chez l'épicier. Si tu peux me dépanner encore d'un ticket de métro, ce serait vraiment cool.

Le sang m'est monté à la tête et j'ai eu envie de l'étrangler. Il a dû le sentir, car il m'a déballé à toute vitesse :

— Écoute, je suis vraiment diabétique. Là, je te dis pas de conneries. Si tu veux me casser la gueule, vas-y, mais je peux crever. À toi de voir.

Je venais de me faire barboter soixante-seize euros. Une fortune pour moi ! J'avais été gentil, compréhensif, serviable. Et tout ça pour quoi ? « Alfredo Scali, âne bâté que tu es ! » Un frisson a parcouru mon corps. J'ai secoué la tête d'un air las, en me disant « Ça n'arrive qu'à moi... ». Puis j'ai repris mes esprits et l'ai quitté sans un mot. Avant que je traverse l'avenue pour reprendre le métro, il m'a interpellé :

— Hé, Alfredo ?

Je me suis retourné par réflexe. Je l'ai fixé, la rage au ventre, et il a eu comme un grand sourire de requin blanc.

7

L'entreprise de déménagement s'appelait Barbichou. Sur les posters placardés aux murs de la salle de réunion, on pouvait voir un homme habillé en fakir, avec une énorme barbe, surmonté de ce slogan : « Barbichou déménage pour vous ! »

Il était 7 heures du matin et j'avais répondu présent dans les locaux à Nanterre. Nous étions une dizaine assis autour de deux grandes tables en acier laqué noir qui se faisaient face. Nos prénoms étaient inscrits sur de petits cartons blancs placés devant nous.

Un type assez costaud répondant au nom d'Éric Varant – c'est du moins ce que mentionnait le badge qu'il portait autour du cou – est entré dans la pièce avec l'énergie d'un patineur artistique. Il avait un piercing à l'arcade sourcilière, un autre à la lèvre inférieure, et ses cheveux blonds étaient plaqués en arrière par une sacrée dose de gel.

— Messieurs, bonjour ! Bon, je vais être bref. Ici, on fait du déménagement ; on ne vend pas des cure-dents. Je veux des hommes motivés, endurants et efficaces.

Il a balayé du regard la mini-assemblée que nous formions avant de poursuivre :

— Je ne veux pas de tapettes ! C'est compris ? On commence dès aujourd'hui. Deux déménagements : un à Noisy-le-Sec, l'autre à Paris, dans le 7e arrondissement. On se divise en deux équipes. Sur place un camion de dix-neuf tonnes nous attend. Des questions ?

On s'est tous regardés et un type, en face de moi, a pris la parole :

— Vous donnez des tickets resto ?

— Pas de ticket resto, a répondu Éric avec fermeté.

— Et si on a des crampes ? a demandé un autre.

— Tu ne veux pas que je te fasse un massage, tant qu'on y est ?

Un quart d'heure plus tard, j'étais assis dans la camionnette qui nous emmenait rue de Lille. Il régnait une ambiance pesante. Un silence compact. Chacun pianotait sur son Smartphone. J'observais les mines : personne n'avait l'air motivé. Le type à côté de moi avait envie de causer.

— Tu viens de quel Pôle Emploi ?

— Pantin, ai-je répondu.

— Gagny, a-t-il répliqué.

Il m'a tendu la main.

— Fabien.

— Alfredo.

— Je suis infirmier, mais ça me gonfle. Tu peux pas savoir la plaie que c'est d'être infirmier. Les vieux qu'il faut changer, les agressions dans les cités, les horaires de ouf...

Avec un petit air malicieux, il a ajouté :

— Et puis, je voyage pas mal aussi, grâce aux allocations chômage. Là, je reviens du Bhoutan.

— Le Bhoutan, c'est où, ça ?

— C'est un petit pays coincé entre l'Inde et la Chine. En fait, en plus de ma passion pour les clowns, je suis pro-Tibétains. Et toi, tu fais quoi ?

— Je suis artiste peintre.

Il m'a regardé avec défiance. Je n'avais pas trop envie de discuter, mais il a insisté.

— Tu sais jongler ?

— Jongler ?

— Ouais.

— Je ne sais pas jongler, non.

— Moi, je sais jongler.

— Tant mieux pour toi.

— Je jongle avec six balles.

— Super.

— Je jongle avec six balles, sur un pied.

— Je suis épaté.

— Je jongle avec six balles, assis en tailleur, même !

— J'en ai rien à foutre.

Tout fier, il m'a adressé un large sourire, puis il s'est détourné pour regarder par la vitre. Quand nous sommes arrivés rue de Lille, on a tous remarqué le camion géant de dix-neuf tonnes, stationné en double file avec ses warnings. Il n'attendait que nous.

— Allez les gars ! C'est au quatrième, sans ascenseur !

L'appartement était vaste et cossu, de style baroque, avec moulures aux plafonds et colonnes dorées. Des montagnes de cartons s'entassaient, de quoi donner le vertige à un apprenti déménageur. On s'est tous observés en se demandant ce qu'on faisait là.

— Alors, on fait les tarlouzes ou quoi, là ? a crié Éric en tapant dans ses mains.

Un peu agacé, je n'ai pas pu retenir la réplique qui m'est venue aux lèvres.

— Barbichou le fakir, il est du genre déménageur heureux, ou homophobe au premier degré ?

Éric m'a dévisagé, avec le regard vide d'un poisson d'aquarium qui s'ennuie.

— Qu'est-ce que tu racontes ?

Les autres m'observaient, amusés. « Ce type a autant de chances de posséder des neurones qu'une espadrille de savoir danser la samba », me suis-je dit.

— Allez ! a répété Éric. On prend, on lève, on descend les cartons et on les met dans le camion !

Fabien s'est approché de moi.

— J'avais le choix entre un CDD de déménageur et un autre de caissier dans une enseigne de bricolage. J'aurais dû choisir caissier.

— Tout est une question d'ambition, ai-je rétorqué.

— Ouais.

Il a pris un carton.

— Mais ça peut aussi être cool, comme job, a-t-il ajouté en souriant.

Sur le mur du salon, j'ai remarqué un tableau. De loin, j'aurais dit que c'était un Gauguin. Je me suis approché. Je ne m'étais pas trompé : c'était une reproduction des *Seins aux fleurs rouges*. Quand j'étais adolescent, ma mère m'offrait des ouvrages sur la peinture. Je passais beaucoup de temps à contempler les œuvres, à les analyser, à voyager en tournant les pages. Je me suis mis à rêvasser devant le Gauguin, oubliant tout le reste.

Soudain, Éric a surgi comme un bolide :

— Scali, t'es pas au musée, là !

J'ai sursauté et repris mes esprits. Lorsque j'ai décroché le cadre, qui devait mesurer près d'un mètre cinquante de large, il m'a paru très lourd. Avec le tableau à bout de bras, comme un trophée, j'avançais difficilement, à petites enjambées afin d'éviter les cartons qui se trouvaient sur le passage. Fabien était juste devant moi, je l'ai vu soulever un carton, tout content.

— C'est mon troisième ! s'est-il exclamé.

On a pris l'escalier. Il était étroit, ce qui compliquait la manœuvre. Je descendais les marches avec précaution, une à une. Et puis, soudain, j'ai senti comme une décharge électrique dans tout mon corps et entendu un bruit sourd, un claquement en bas du dos.

J'ai lâché le tableau, qui est tombé sur Fabien, lequel a lui-même laissé tomber son carton, puis tout a dégringolé dans les escaliers, jusqu'à l'étage inférieur. Le joli cadre en bois vernis ouvragé était sévèrement abîmé, et moi avec. Je venais de me bloquer les reins.

— Ça va, mec ? m'a demandé Fabien.

J'ai tenté de reprendre mon souffle. Je souffrais le martyre.

— Quel boulot à la con ! ai-je dit.

Éric a débarqué en trombe.

— Qu'est-ce que c'est que ce bordel, bordel ?

— C'est Scali, monsieur. Il s'est pété le dos, a répondu Fabien du tac au tac.

Éric s'est frappé les cuisses, furieux.

— Je l'ai su dès que je t'ai vu ce matin, que tu étais une tafiole ! a-t-il hurlé à mon intention.

J'ai hurlé encore plus fort, les yeux injectés de sang :

— Appelle les pompiers, espèce d'abruti !

Surpris par ma réaction, il s'est radouci :

— OK, OK, Scali. T'en fais pas, on va te sortir de là.

La rue de Lille était en partie bloquée par le camion de dix-neuf tonnes et celui des pompiers. J'étais allongé sur un brancard au beau milieu du trottoir. L'équipe d'apprentis déménageurs formait un cercle autour de moi. Un peu plus loin, un groupe de curieux s'était approché. Voilà que je devenais une attraction publique, maintenant !

Les pompiers m'ont assuré que ce n'était pas trop grave. J'avais dû me bloquer un nerf ; je devais rentrer chez moi, prendre des antidouleurs et me reposer. Si le lendemain la souffrance persistait, il faudrait que je consulte un médecin sans tarder.

Je n'ai pas voulu alerter mes parents quand les pompiers m'ont déposé chez moi. Schmidt était déguisée en Cendrillon. Lorsqu'elle m'a vu entrer dans l'appartement d'une démarche titubante, elle a eu une mine inquiète. Elle se tapait le crâne avec les deux mains, sans s'arrêter.

— Schmidt, tout doux, tout va bien ! ai-je dit pour la rassurer.

Elle m'a sauté dans les bras pour coller sa joue contre la mienne. J'ai avalé deux antidouleurs, je me suis couché et j'ai sombré dans un sommeil profond. Non sans avoir au préalable envoyé de mon Smartphone un mail vengeur à Bubard.

De : alfredoscali_348765@live.fr
À : bertrandbubard@pole-emploi.fr
Envoyé le : 04/04/2017
Objet : À l'attention de mon conseiller Pôle Emploi
QUI DOIT IMPÉRATIVEMENT LIRE MON COURRIER !

Référence dossier Pôle Emploi : 158954 MJV 891

Monsieur Bubard,

Je vous traiterais de criminel, si les antidouleurs que je viens de prendre n'étaient en train de m'apaiser.

Avec votre volonté farouche, dédaigneuse et obstinée, de refuser de comprendre que je suis un artiste peintre, vous m'avez envoyé sous un prétexte fallacieux travailler chez Barbichou Déménagement.

Or, voyez-vous, dès le premier jour je me suis brisé le dos après avoir porté courageusement des tas de cartons. Car j'ai travaillé très dur, et j'ai failli en mourir, Bubard !

Les pompiers viennent de me déposer chez moi. Il faut que je me repose, à présent.

Je vous apprécie de moins en moins. Déjà que je n'éprouvais pas beaucoup d'affection à votre égard.

Terroriste !

Alfredo Scali

8

Le lendemain matin, en me levant pour aller me faire un café, je n'avais presque plus mal au dos. Ce n'était plus qu'une simple courbature. Rassuré, j'ai regardé Schmidt qui roupillait. Quand j'ai ouvert les volets, le soleil m'a ébloui, le ciel était limpide. Pas un nuage. Je me sentais reposé.

J'ai alors eu envie de peindre.

J'ai vu un papillon voleter dans mon studio et ça m'a donné l'idée de peindre le rêve d'une chenille à la veille de sa chrysalide. J'ai poussé contre les murs la table basse et les sièges, organisant l'espace pour disposer la toile sur le chevalet, et je me suis assis face à la fenêtre. J'ai ouvert la boîte métallique dans laquelle étaient rangés pinceaux, tubes de couleurs, chiffons et palette, et j'ai commencé par esquisser un croquis au fusain, avant de repasser par-dessus à la peinture à l'huile. Ma gamme ce jour-là était saturée, dense et sans trop de nuances ; ma peinture reflétait mes émotions brutes, une pulsion virile. Quand le pinceau a caressé la toile et que les couleurs ont parlé, je me suis senti comme habité, en transe. Je m'agitais, gesticulais, des gouttes de sueur perlaient sur mon front. Mon tableau prenait vie et je chérissais cette sensation. Choisir, c'est exclure. Je choisissais mes couleurs avec soin. J'ai coloré le ciel en rouge sang, transpercé par des faisceaux jaunes de cobalt évoquant un soleil éclatant, puis j'ai représenté les ailes du papillon en pourpre. J'ai ajouté du vert, du marron ; les contrastes détonaient de façon spectaculaire.

Schmidt s'est levée du lit en se grattant la tête. Elle s'est plantée devant moi et m'a regardé peindre, surprise, curieuse et finalement captivée.

Quand j'ai eu terminé, j'ai saisi la toile par les bords avec délicatesse. Puis je suis sorti de chez moi pour aller la ranger dans la pièce prévue à cet effet, chez mes parents – une pièce entièrement dévolue à mes tableaux. C'était une sorte de cagibi qui renfermait, outre les toiles du « maître », d'innombrables boîtes de conserve. En sortant de là, j'ai reconnu l'odeur du rhum. Direction la cuisine. Ma mère m'a demandé de battre les œufs : elle préparait un gâteau. J'ai toujours adoré la regarder faire de la pâtisserie. Elle est si appliquée, elle y met tout son cœur.

— Fais attention à ne pas renverser les œufs.

— Comment veux-tu que je renverse les œufs, maman ?

— On ne sait jamais.

Une fois que j'ai eu fini de battre les œufs, ma mère a terminé son gâteau ; alors que j'allais allumer la télé, mes yeux se sont posés sur les photos de famille exposées sur le buffet du salon.

Mon frère aîné, Luca, avec ses deux enfants, Victoria et Aaron, aux studios Universal, en compagnie de Spider-Man. Ils ont l'air heureux, Aaron surtout, qui a cinq ans et contemple l'homme-araignée comme si c'était Dieu. Moi, petit, puis à treize ans : je serre dans mes bras les rouleaux de la Thora, le jour de ma Bar Mitsva. Ma mère et mon père, jeunes et insouciants, s'enlaçant avec amour. Derrière eux, une mer turquoise et un magnifique coucher de soleil. Toute l'innocence des jours heureux. Tel est notre roman familial. Des moments de vie sur lesquels le temps a posé sa griffe. Dieu, je t'en prie, protège ceux que j'aime ! Fais aussi en sorte que mes toiles connaissent le succès ! Le plus tôt sera le mieux, mais je te fais confiance. Dieu, pense à nous dans notre petite ville de Pantin !

J'ai continué à observer ces photos de famille.

J'ai les yeux de mes deux parents. L'un, hérité de ma mère, est pessimiste : à l'en croire, rien n'ira pour le mieux ; notre civilisation est sur une pente très glissante. L'autre, celui de mon père, est résolument optimiste : l'homme est bon, le meilleur sortira de tout cela…

Mes parents, joyaux si précieux. L'envie de leur ressembler, ne serait-ce qu'un peu, me hante et me guide au quotidien.

Ma mère est sortie de la cuisine. Elle portait un tablier brodé aux motifs de prunes et de pêches. Son visage respirait la sérénité, comme celui d'une maman ayant accompli son devoir, non par obligation, mais par amour. Le devoir volontaire de l'amour.

— Tu vas te régaler ce soir, m'a-t-elle dit de sa voix chaleureuse.

Je me suis détourné des photos sur le buffet pour la regarder. Elle était souriante, mais avait pris de l'âge. Des rides creusaient ses traits. Soudain, j'ai pris conscience de la folie qui consiste à croire ses parents éternels.

9

Il s'appelle Casimir Limsky, et c'est mon meilleur ami. Un grand gaillard d'un mètre quatre-vingt-quatorze, blond comme les blés, très cultivé et, par ailleurs, assez toqué. Ces deux dernières caractéristiques me fascinent chez lui. Il nourrit à mon égard beaucoup de bienveillance, prend chaque jour de mes nouvelles, se montre disponible, comme moi, en amitié.

Casimir a des théories sur quasiment tout. Il pense, par exemple, que ce fut une erreur monumentale de ne jamais avoir accordé de prix à l'homme qui a inventé le lit. Mais, dit-il en caressant sa barbichette, « il ne se serait jamais levé pour aller le chercher, ce prix ! ». Il estime aussi que la pizza est une invention majeure dans l'histoire de l'humanité et que les garnitures qu'on y dépose sont comme les négociations politiques entre gouvernements : nécessaires et enrichissantes.

Il cultive une passion pour les aubergines et connaît au moins trente-sept façons de les préparer. Il aime les femmes asiatiques (peu importe lesquelles), au point de devenir fou et d'en perdre ses moyens – bien plus que devant un mannequin suédois ou une danseuse du *Crazy Horse*.

Il a aussi une propension naturelle à l'insulte. Par exemple, lorsqu'il prend de mes nouvelles, et ce plusieurs fois par jour, il commence toujours la conversation par : « Ça va, pisseur du jeudi ? » Ou bien : « Comment va ma tête de cul favorite ? » Ou encore : « Hé ! Tarlouze ritale, ça va ? »

Au début de notre amitié je trouvais cela pour le moins étrange. Mais il m'a vite contaminé et je m'y suis mis à mon tour. Du coup, je lui réponds souvent par : « Et toi, tête de bite joyeuse ? » ou « Et toi, l'abruti légendaire ? » ou encore : « Et toi, fiente de tête d'hippocampe fasciste ? » Il ne les prend pas mal du tout, ces insultes ; moi, par contre, elles me gavent un peu. Mais pour m'apaiser, il me lance : « T'es vraiment qu'un arriéré de susceptible frustré qui me rend fou d'amour ! » Alors, je me marre.

Casimir est expert en assurances. Il a voyagé, notamment en Asie. Il a écrit des scénarios et des romans qu'il n'a jamais réussi à publier. C'est sa grande blessure intérieure. Autrefois, il a travaillé dans une entreprise de traduction, car il maîtrise parfaitement sept langues.

Que dire d'autre sur lui ? Ah oui ! Il aime avoir raison. « On ne me fera jamais baisser le front ! » a-t-il coutume de répéter. Si nous discutons d'un sujet quelconque, Pearl Harbor admettons, et que nous sommes en désaccord, il me sort son fameux stratagème : il me pose une question en rapport avec notre sujet de débat, mais totalement décalée. Par exemple : « Couillon, tu sais comment s'appelait le frère de l'empereur Hirohito ? » Peu de gens connaissent la réponse, j'imagine, et moi pas plus que les autres.

— Non, avoué-je alors, je ne connais pas le prénom du frère d'Hirohito, et encore moins celui de son chat, mais évidemment tu ne dois pas l'ignorer, toi.

— Et tu prétends parler de cette période ? me rétorque-t-il invariablement. Mais tu ne sais rien ! Alors, tais-toi !

Je crois que c'est le type avec lequel je peux le plus me marrer et discuter de tout. Je l'aime. C'est mon pote.

Mon téléphone portable a sonné. Je savais que c'était Casimir parce qu'il a sa sonnerie personnalisée, celle de *L'Île aux enfants*.

— Comment ça va, ma couille vide ? m'a-t-il demandé.

— Et toi, ma pouffiasse en sandales ?

— Ça va. Avec ton singe, ça se passe comment ? Je viens te chercher, on se fait une petite virée nocturne ?

— Je t'attends.

On aimait ça, rouler la nuit dans Paris et refaire le monde. On se racontait nos vies par le menu. Ce soir-là, la discussion a porté sur l'invention de la carrosserie. Je la croyais liée à la marche naturelle du progrès, Casimir n'était pas d'accord. Et quand il n'est pas d'accord, il commence toujours ses phrases par : « Tu te trompes », avant de poursuivre avec son stratagème.

— Tu sais pourquoi c'est le mot « carrosserie » qui a été retenu au congrès de Berlin en 1796 ?

Allez répondre à ça !

— Tu ne sais pas, tu ne sais pas, espèce de chien attardé ! Alors, tais-toi.

Casimir venait de rencontrer une Japonaise, il était heureux. Elle s'appelait Hatsuyo et, selon lui, elle était proche de la femme parfaite. Elle connaissait vingt-neuf façons de cuisiner les aubergines, reprisait ses chaussettes et ses caleçons, faisait le ménage, lui massait les pieds tous les soirs avant de jouer au Monopoly avec lui quand il en avait envie.

— C'est un robot ? lui ai-je demandé.

— Pas loin, misérable crevure !

J'étais content pour lui. Ce soir-là, il avait les yeux brillants : il avait mangé au dîner des aubergines au gingembre et aux amandes. Je lui ai parlé de Schmidt, de mes peintures et des galeristes qui refusaient mes tableaux en me laissant dans la peine. Alors que nous étions à l'arrêt au feu rouge, son portable a sonné.

— C'est Sandrine. Elle est à une soirée, rue de Ponthieu. On la rejoint ?

L'appartement, situé au quatrième étage d'un immeuble haussmannien, était immense, décoré dans le style Art déco. Il y avait là un monde fou qui dansait sur de la musique électronique. Casimir s'est approché pour me parler à l'oreille :

— La musique électro, je déteste.

J'ai eu envie de lui répondre que je n'étais pas fan non plus, mais j'ai eu peur qu'il me demande : « Tu sais quelle a été la première voiture de l'inventeur de la musique électronique, un type du nom de Pierre Schaeffer, après son tout premier succès ? Tu ne sais pas, tu ne sais pas ! Alors, tais-toi, andouille ! »

Ça empestait le tabac et il faisait chaud comme dans une étuve. Sandrine, une vieille copine de fac de Casimir, nous a proposé à boire.

— Le saumon, c'est la vie ! a lancé Casimir en engloutissant les canapés qui trônaient sur le buffet.

Entre les toasts au saumon qu'il ingurgitait et celui à la mozzarella que je grignotais, la conversation a tourné autour de Jésus-Christ et de sa vision du monde dans la Jérusalem de l'époque. Je connaissais un peu le sujet. À un moment, Casimir m'a interrogé :

— Tu sais quel animal Jésus affectionnait le plus ?

Presque tout le monde dansait, sauf nous. Je lui ai répondu en m'époumonant. Dans ces soirées-là, le bruit est tellement assourdissant qu'il faut crier pour se faire entendre.

— Je pense que Jésus aimait les toucans malicieux ! ai-je hurlé.

Casimir a terminé son toast en silence.

Lui et moi ne sommes jamais très à l'aise dans ce genre de soirée. Nous nous sentons exclus. Nous, nous existons en discutant, en argumentant, en cherchant, en nous interrogeant, pas en nous dandinant sur de la musique inventée par Pierre Schaeffer.

Puis Sandrine s'est avancée vers nous, échangeant au passage un mot avec l'un, dansant un moment avec l'autre, une coupe de champagne à la main. Elle m'a crié à l'oreille :

— Alfredo, il y a quelqu'un que tu dois à tout prix rencontrer ! Il a une galerie à New York. Va lui parler. Je lui ai dit que tu étais peintre et que tu faisais des trucs mortels !

— Vas-y, phacochère de bas étage ! a surenchéri Casimir. Tente ta chance ! Je reprends un toast au saumon, moi.

J'ai traversé le salon en regardant les gens danser. Il y avait là de jolies nanas, très à l'aise. L'une d'elles, dodue comme une dinde gourmande, swinguait tel le slip de James Brown. Elle m'a fait un grand sourire. Alfredo Scali, homme bon, tolérant et généreux avec la gent féminine, a eu le comportement d'un gentleman : il lui a répondu par un signe de la main.

Arrivé près du galeriste en question, à la crinière grisonnante, j'ai vu qu'il discutait avec deux filles, une cigarette entre ses doigts. Il devait avoir une bonne cinquantaine d'années. Je lui ai tendu la main :

— Alfredo Scali, je suis un ami de Sandrine...

Il m'a observé comme si j'avais inventé la scie sauteuse, mais m'a serré la main de façon excessivement enthousiaste.

— Bien sûr, Alfredo ! Comment ça va ? Je suis Peter Carlson !

Puis, dans un élan d'exaltation, il a lancé à ses deux compagnes, en me montrant du doigt :

— Ce type, Alfredo, est un grand ! Un futur génie !

J'ai esquissé un sourire timide en pensant que le monde de la nuit devait être coutumier de ce genre d'envolées.

— Merci, Peter, merci. Il faut qu'on se voie. Nous pouvons faire de grandes choses, toi et moi ! ai-je répliqué sur le même ton.

J'aurais aussi bien pu lui soutenir que je connaissais sa mère qui faisait les meilleurs bagels de Manhattan ou que, sans lui, en ce début du vingt et unième siècle, la peinture n'aurait aucun intérêt. Mais je l'ai joué sobre. Il m'a donné sa carte, me laissant entendre qu'il était très occupé avec les deux nanas.

Je me suis dit avec bonheur : « Alfredo, tu en tiens un, là ! Il n'y a pas de hasard ! Tu vas bientôt te retrouver à New York ! » Et j'ai rejoint Casimir, encore scotché au buffet.

— Alors ? m'a-t-il demandé, un toast à la main.

J'ai voulu rester positif.

— Il m'a donné sa carte. Ça pourrait le faire !

Casimir m'a pris dans ses bras et m'a serré contre lui.

— Ça va marcher pour toi, j'en suis sûr !

J'ai regardé par-dessus son épaule. Il ne restait plus de toasts au saumon.

— On rentre ? lui ai-je proposé.

— OK, a-t-il répondu.

10

— Hé, Alfredo, Alfredo !

Je me suis réveillé en sursaut en entendant hurler mon prénom. Ça venait de dehors : la fenêtre était grande ouverte. Je me suis levé précipitamment, un peu étourdi, et penché par-dessus la balustrade. C'étaient les gamins du quartier qui m'interpellaient.

— Ton singe ! Ton singe ! Il a été capturé chez Sahani !

J'ai enfilé mon jogging et mes baskets, et je me suis dirigé au pas de course vers le magasin de farces et attrapes, les gamins à vélo sur mes talons.

Le commerce de Sahani était une grande boutique de farces et attrapes, déguisements et jouets pour enfants, mais aussi une sorte de bazar oriental où l'on se procurait de tout, depuis le lait pour le corps jusqu'aux boîtes de conserve srilankaises.

Quand je suis entré, ça sentait les épices. Une foule d'adultes et d'enfants s'y était amassée.

J'entendais des éclats de rire et des applaudissements. Je me suis frayé un passage dans l'assistance et j'ai vu Schmidt, paniquée, au fond du bazar, prisonnière d'un filet ; elle sautillait pour essayer de s'en délivrer. Cette fois, elle était déguisée en flic. Par le haut-parleur grésillant du magasin, la voix de Sahani annonçait : « Trente pour cent sur tous les déguisements et les jouets ! Venez faire la fête avec le singe Balatumsi ! »

J'ai cru rêver. Schmidt, ainsi rebaptisée, était devenue l'attraction d'un bazar de quartier ! J'ai apostrophé Sahani, qui trônait derrière son comptoir.

— Sahani ! C'est mon singe que tu as capturé là !

Il m'a fait une grimace insolente.

— Ton singe, grand voleur ! Lui venir ici, choisir déguisement, et clients contempler spectacle !

— Mais Sahani, je suis désolé, je vais te rembourser ou te rendre ce qu'il t'a pris.

— Non ! s'est récrié le Sri-Lankais. Lui attire clients ! Jamais aussi bien fait argent depuis que cet enkilé est là !

— Je dois récupérer mon singe. Et elle s'appelle Schmidt, pas Balatumsi !

Les gamins à côté de moi ne perdaient pas une miette de la conversation.

— La vie de ma mère ! s'est exclamé l'un d'eux. C'est son singe, m'sieur ! Ça se fait pas !

Sahani a scruté les clients agglutinés derrière moi. Ils observaient Schmidt qui se débattait pour se libérer du filet. Sahani m'a fixé avec malice avant de reprendre le mégaphone.

— Les enfants, Balatumsi le singe va faire danse orientale ! C'est le spectacle ! Trente pour cent sur tout le magasin !

Le sang m'est monté à la tête, j'ai repoussé son haut-parleur et sifflé entre mes dents :

— C'est mon singe ! Je le récupère. T'as compris ?

— Lui, il est chance pour moi ! Pas question !

— Je vais tout casser dans ta boutique et, après, je vais te massacrer la gueule ! ai-je hurlé, bien que ce genre d'attitude ne soit pas dans mon tempérament.

Le Sri-Lankais s'est tu quelques secondes, avant de me proposer :

— Moi, j'ai solution. Je donne à toi, fin du mois, pourcentage sur recettes si tu laisses ton singe un peu ici pour spectacle.

Je me suis radouci. Il avait touché ma corde sensible.

— Ça marche, ai-je dit au Sri-Lankais.

On a topé là.

Je lui ai expliqué les modalités, ce qu'il fallait faire, ne pas faire, le goût de Schmidt pour les beignets à la pistache et les horaires où elle pourrait travailler, et je lui ai donné mon adresse exacte afin qu'il vienne la chercher et me la ramener tous les jours.

Puis j'ai délivré Schmidt du filet. Encore apeurée, elle s'est blottie dans mes bras et tout le monde dans le bazar nous a applaudis. Sahani a repris son micro d'un air satisfait.

— Spectacle terminé ! Mais Balatumsi reviendra ! Trente pour cent dans tout le magasin !

Je me suis dirigé vers la sortie avec Schmidt, qui s'accrochait à moi de ses petites mains tremblantes. Chacun la regardait et lui adressait des grimaces comme à une bête de foire. Un gosse lui a tiré la langue et elle a ri aux éclats. Sa notoriété commençait à lui plaire.

Je l'ai serrée contre moi et nous avons quitté la boutique de Sahani, son nouveau lieu de travail.

— Schmidt, je t'aime ! ai-je glissé dans sa petite oreille de singe.

11

La sonnette a retenti très tôt. Schmidt a bondi, enthousiaste. Depuis que Sahani venait la chercher pour faire le show dans sa boutique, elle avait l'air enchantée. Elle aimait vraiment bien son nouveau job.

J'ai ouvert la porte mais ce n'était pas Sahani, c'était mon père. Schmidt est retournée au lit, un peu déçue. Elle avait tort. Sur le palier, dans la pénombre, il m'a remis un grand sac.

— Il y a du poulet avec du riz. Des nouilles sautées à l'agneau. Du bœuf avec des pâtes. Des légumes et de la charcuterie. De la banane écrasée, des fruits et des pistaches. Tu en as facilement pour deux jours.

À ces mots, Schmidt a bondi une seconde fois du lit, elle s'est dressée sur toute sa hauteur pour découvrir ce qu'il y avait dans le sac, s'est approchée de papa et lui a agrippé la jambe. C'était sa façon à elle de faire des embrassades. J'étais encore à demi assoupi et mon père me regardait d'un air pensif.

— J'ai réfléchi. Il faut que tu ailles voir le rabbin et que tu écoutes du Léo Ferré.

— Pourquoi j'irais voir le rabbin ? ai-je rétorqué.

— Pour rien. Pour qu'il te bénisse. Ça porte bonheur. Tu as besoin de *mazal*[1] , en ce moment.

Schmidt humait le sac de nourriture qui lui était destiné.

— D'accord, papa.

— Allez ! Je file à la synagogue, puis au zoo. Y a une escalope pour toi au frigo. À ce soir ! a dit mon père avant de s'éclipser.

Il s'est engouffré dans l'ascenseur, et j'ai claqué la porte.

Mon père se rendait tous les matins à la synagogue avant d'aller travailler. Une véritable foi l'animait, une spiritualité qui le rendait optimiste en toutes circonstances. Quand je lui faisais remarquer que c'était dur d'être juif, il me répondait : « Évidemment. Si tu veux ne pas être juif, c'est très facile. Tu ne fais rien et tu n'es plus juif. »

J'aimais bien cette réponse, et l'idée selon laquelle il faut accomplir des choses en faveur des autres et du monde, des actions parfois contraignantes pour soi-même, afin d'être davantage qu'un homme de rien dans l'univers. La notion de

1. « Chance », en hébreu.

cette responsabilité-là me plaisait, mais je n'étais pas pratiquant pour autant. Plongé dans mes pensées, je n'ai pas remarqué que Schmidt avait déjà ouvert une gamelle remplie de blancs de poulet découpés en lamelles et s'apprêtait à les dévorer.

— Schmidt !

J'ai mis la table et déjeuné avec elle. Nous avons conversé. Enfin, je lui parlais et elle écoutait. Parfois, elle réagissait en caressant sa petite barbe. Quand elle voulait dire quelque chose, elle poussait un cri strident. Elle exprimait aussi ses sentiments et ses opinions par diverses sortes de braillements.

Ces derniers temps, je l'observais de plus en plus tandis qu'elle jouait sur son arbre en peluche, grignotait, dormait ou regardait la télé, et elle était toujours avec moi lorsque je peignais. Si je lui racontais mes soucis, mes craintes ou mes espérances, elle se montrait attentive. Lorsque je lui relatais des anecdotes sans importance, elle restait en retrait. Quand je travaillais à une toile, elle me semblait très concernée. Elle s'interrogeait, m'observait, se grattait la tête. Nous étions de plus en plus proches. Je la devinais épanouie par les journées qu'elle passait dans le bazar de Sahani. Lorsqu'il venait la chercher le matin, elle enfilait son nœud papillon rouge en strass, et s'observait dans le miroir de la salle de bain en se tapotant énergiquement les joues. Puis elle partait avec Sahani, qui la traitait bien. Elle était devenue la mascotte du quartier. Quand je n'étais pas là, il la déposait chez ma mère, qui me la ramenait ensuite. Schmidt portait à présent de nouveaux déguisements, mais ceux-là lui étaient offerts. C'était la publicité du bazar : « Un singe fait son show ! »

Après le déjeuner, je me suis remis à peindre, Schmidt à mes côtés. Puis j'ai décidé d'appeler Peter Carlson, le galeriste.

— Bonjour, Alfredo Scali, vous m'avez donné votre carte à la soirée de…

Il m'a coupé la parole.

— Alfredo ! Bien sûr ! Passe me voir en fin d'après-midi. Disons… 18 heures. Chez moi, 74, avenue de Villiers.

Sur ce, il a raccroché. J'ai aussitôt glissé mes toiles dans une sacoche, fait quelques étirements, pris une douche et enfilé un joli costume. J'étais plus que motivé : j'allais rencontrer, à son domicile, le propriétaire d'une galerie à New York. J'ai pensé : « Alfredo Scali, c'est la chance de ta vie. Tu vas te retrouver à New York dans quelques mois. L'Amérique et le monde vont te découvrir enfin ! » Dans un élan de joie, j'ai pris Schmidt dans mes bras et je l'ai couverte de baisers.

Le téléphone a sonné. C'était mon conseiller Pôle Emploi. Comme je me sentais en position de force, je me suis montré condescendant.

— Monsieur Scali ?
— Oui.
— Monsieur Bubard. Vous allez mieux ?
— Non.
— Vraiment ?
— Vraiment.
— Avez-vous trouvé un emploi ?
— Toujours pas.
— Toujours pas ?
— Toujours pas.
— Quand vous aurez du nouveau, vous me tiendrez au courant ?
— Quand j'aurai du nouveau, je vous tiendrai au courant.
— Faudrait faire vite, monsieur Scali.
— Faudrait faire vite, oui.
— Quels sont vos projets pour cette semaine ?
— Monsieur Bubard, je n'ai pas vraiment de temps à vous accorder. J'ai un rendez-vous de la plus haute importance.
— Un emploi, quelque chose de sérieux ?
— Quelque chose de tellement sérieux qu'il se pourrait même que, dans quelque temps, vous disiez à vos collègues de Pôle Emploi que vous avez eu l'honneur de travailler pour Alfredo Scali.
— Votre dos va mieux, alors. Je peux à nouveau vous envoyer des offres.
— Faites-vous plaisir.

Bubard le casse-bonbons a raccroché. Pour un feignant comme moi, un type pareil est un cauchemar. Je me suis regardé dans le miroir, Schmidt m'observant avec curiosité, j'ai gonflé mes poumons et j'ai soudain cru très fort en moi. « Alfredo Scali, me suis-je dit, écoute ton père. Il a raison. Il est temps d'aller voir le rabbin. »

J'avais besoin d'une bénédiction.

La synagogue de Pantin se trouvait sur la place Jules-Boukobza, du nom de l'homme dévoué qui avait beaucoup fait pour la petite et dynamique communauté juive pantinoise en fondant la toute première synagogue municipale dans les années soixante-dix.

Quand je suis entré dans le temple, ça sentait bon le cuir et les livres. La synagogue venait d'être refaite à neuf, avec un espace pour les bains rituels. Il y régnait une atmosphère de sérénité et de plénitude. J'ai traversé le hall. Devant moi se dressait la bibliothèque fournie. J'ai poussé la grande porte qui donnait sur la salle de prière. Elle était vide, les chaises étaient bien alignées.

Seul au fond, devant la Tévah[1] , le rabbin Meyer officiait debout, en se balançant et en caressant sa barbe blanche. Devant lui était ouvert un livre qu'il étudiait pieusement. Je me

1. Table centrale servant à la lecture de la Thora.

suis approché en silence pour ne pas le déranger et j'ai posé ma sacoche sur une chaise. Il a levé les yeux et m'a observé avant de m'offrir son magnifique sourire.

— Alfredo Scali, ton père est un homme de synagogue. Et toi ?

Je n'ai pas su quoi répondre.

— Je me rappelle très bien quand je t'apprenais l'hébreu pour ta Bar Mitsva. Pourquoi ne te voit-on jamais à la synagogue ? Tu n'aimes pas la déco, peut-être ? Tu veux que je dise à Benichou de la refaire ?

J'ai rigolé. J'avais oublié qu'en plus d'être un homme sage et érudit, le rabbin Meyer a beaucoup d'humour. Il avait un air malicieux et tenait dans ses mains ses petites lunettes cerclées de métal doré.

— En même temps, Alfredo, qui suis-je pour te dire de venir à la synagogue ?

— Eh bien, le rabbin..., ai-je répondu avec timidité.

J'ai compris après coup que le rabbin Meyer attendait de moi cette réponse, en excellent joueur d'échecs qu'il était par ailleurs.

— Il est vrai, Alfredo Scali. Je suis un rabbin.

Il m'a fait signe de m'asseoir. Nous nous sommes installés face à face, dans la grande salle de prière déserte, et il a poursuivi :

— Je vais te raconter une histoire. Trois rabbins voyagent dans un taxi, à New York. Le rabbi Hofmann dit : « Moi, à côté de Dieu, je ne suis pas plus grand que la patte d'une fourmi. » Le rabbi Palinsky, qui est assis à côté, lui répond alors : « Rabbi Hofmann, si vous, à côté de Dieu, vous n'êtes pas plus grand que la patte d'une fourmi, alors moi, je ne suis pas plus grand que l'ongle du pied de la fourmi ! » Le troisième rabbi, le rabbi Peled, s'exclame à son tour : « Mais alors, si vous deux, immenses rabbis, l'un de New York et l'autre de Moscou, êtes si petits devant Dieu, alors moi, pauvre rabbin de Madrid, je ne suis pas plus grand que l'infime partie de l'ongle de la fourmi ! »

Captivé, j'écoutais le rabbin Meyer poursuivre son historiette.

— Alors, le chauffeur de taxi se retourne et dit aux trois grands rabbis : « Mais si vous, de grands sages, êtes si minuscules devant Dieu, qu'en est-il de moi ? Moi, que suis-je ? » Et les trois rabbis de répondre : « Mais pour qui il se prend, celui-là ? »

J'ai souri, et le rabbin Meyer aussi.

— Tu as besoin de quoi, Alfredo ? a-t-il demandé tout de go.

— De chance, rabbi.

— La chance ? La chance est souvent une excuse.

Il m'a scruté, dans l'attente de ce que j'allais répliquer.

— Il y a des gens plus chanceux que d'autres, rabbi.

— Admettons. Si je te donnais le pouvoir d'avoir toujours de la chance, travaillerais-tu ?

— Ce n'est pas ce que je désire. Je veux juste un peu de chance pour aider certaines choses à s'accomplir dans ma vie.

Le rabbin Meyer a remis en place sa kippa, qui était de travers.

— Je suggère que tu viennes davantage à la synagogue et que tu étudies. Tu trouveras ainsi ta vie plus accomplie.

J'ai fait la grimace.

— Et voilà. Dès qu'on sollicite quelque chose d'un rabbin, il vous demande aussitôt de venir prier à la synagogue, ai-je fait remarquer.

Le rabbin Meyer a rigolé.

— Que puis-je te proposer ? D'apprendre à faire de la barbe à papa ? Et puis… je me suis contenté de suggérer, je ne t'ai pas imposé quoi que ce soit. Mais puisque nous en sommes aux requêtes, je vais te demander quelque chose de très différent.

J'ai prêté l'oreille.

— Fais un don pour la synagogue, puisque tu n'y viens pas. Participe un peu pour les autres.

Il m'a tendu la *Tsedaka*[1] , qui se trouvait sur la Tévah. J'ai sorti de ma poche quelques pièces pour les glisser dans la tirelire de la synagogue.

— J'ai du mal à croire en Dieu, en fait, ai-je repris.

— Tout comme moi, a répondu le rabbin Meyer.

— Ah bon ?

— Quand tu me dis ça, oui !

— Comment faites-vous pour y croire, au vu des désastres qui se produisent partout dans le monde ?

— Je ne crois pas toujours en lui et je le lui dis.

— Vous lui dites ?

— Absolument.

— Vous lui dites quoi ?

— Je lui fais part de mon mécontentement.

— Et il vous répond ?

— Oui.

— Comment ?

— En ne disant rien.

— S'il ne dit rien, c'est qu'il ne répond pas !

— Il répond en me faisant comprendre par son silence que mon mécontentement est vain.

— Et ça vous suffit ?

— Non. Je reste mécontent.

---

1. Terme qui désigne l'aumône en hébreu.

— C'est un dialogue qui ne va que dans un sens, votre conversation avec Dieu.

— Peut-être bien. Toi, tu as besoin d'être sûr, tu as besoin de signes qui suppriment tes doutes.

— Pas vous ?

— Pas vraiment.

— C'est une croyance aveugle, alors. Vous acceptez sans preuve concrète.

— Rien de ce qui doit advenir n'est encore concret. Chaque homme bâtit avec des gestes, des actes et surtout avec le Verbe. Ensuite, le monde prend forme.

— Et Dieu, dans tout ça ?

— Dieu n'est pas un personnage avec lequel on commerce. Il est une force invisible qui nous permet même de douter d'elle.

— À quoi sert-il, alors ?

— À nous montrer le chemin. À nous humaniser dans nos vies, nos actes quotidiens. Nous sommes les couleurs de sa toile.

— Les couleurs de sa toile ?

— Oui. De jour en jour nous façonnons la toile de notre liberté.

J'ai médité un moment.

— La toile, le monde… ça me plaît bien, oui…

— Évidemment que ça te parle ! Mon Alfredo, si tu vendais des caramels, j'aurais trouvé une autre allégorie sur Dieu.

— Avec des caramels ?

— Bien sûr.

— Quelle imagination !

— L'imagination, c'est Dieu.

— Pourquoi ?

— Parce qu'elle change le monde. Penses-y quand tu feras glisser tes pinceaux sur ta toile blanche.

Le rabbin a posé sa main sur ma tête.

— Allez, viens, Alfredo. Je vais te bénir.

Et le rabbin Meyer m'a béni. J'ai fermé les yeux, entendu les mots en hébreu prononcés avec ferveur. Je me suis senti protégé. J'ai embrassé le rabbin pour le remercier. Puis j'ai repris ma sacoche et je suis parti. Avant que j'atteigne la porte de la salle de prière, il m'a interpellé. Je me suis retourné, et il m'a dit :

— Alfredo, ça va bien se terminer.

12

En sortant de la synagogue, je me suis senti comme revigoré. J'ai marché jusqu'au métro pour me rendre chez Peter Carlson.

Je repensais à la conversation avec le rabbin. Le résultat est fonction de la sueur et du mal que l'on s'est donné. Aide-toi et le Ciel t'aidera. Travaille, et tes objectifs seront atteints. Un homme de sagesse ne peut accepter l'idée même de chance. C'est trop abstrait, trop hasardeux pour lui. Un charlatan, un marabout, au contraire, prétendrait que la chance existe et qu'il peut te guider vers elle ou l'influencer. « Alfredo Scali, étudie, apprends et mûris ! ai-je pensé. Travaille, gagne en expérience et renforce-toi ! Alfredo Scali, prie, aussi ! Pas pour que la chance vienne à toi, mais pour que ton travail te permette d'atteindre les objectifs que tu t'es fixés. Ne te décourage pas, Alfredo. »

Dans le métro, en regardant le tunnel noir défiler à travers la vitre, un souvenir issu du tréfonds de mon enfance m'est revenu.

J'ai quatre ans et je suis dans la cour de récréation. Il doit être 17 heures, par une journée d'hiver glaciale. En attendant que ma maman vienne me chercher, je chahute avec trois garçons de mon âge. L'un d'eux me malmène. Il s'appelle Sylvain. Au seul souvenir de ce prénom, mon estomac se noue. Sylvain me met à terre, me donne des coups de pied, me tabasse. Je me relève, bien décidé à lui rendre la monnaie de sa pièce, mais il est trop costaud pour moi. Je tombe encore. « Alfredo, lève-toi ! Fous-lui une correction, à ce Sylvain ! » Je relève la tête. L'autre me fixe de ses yeux sombres en suçotant son pouce. Je me redresse, sûr de moi, et je lui fonce dessus en hurlant de toutes mes forces. « Haaaaaaah ! » Je sens l'adrénaline pulser dans mon corps frêle. Je vais le détruire, le Sylvain, l'anéantir ! Il l'a bien cherché ! Mais dans ma lancée, je reçois dans le ventre un coup de poing qui me cloue au sol. J'en ai le souffle coupé. Le résultat est là, sans appel : je suis à terre, je suffoque.

Je me rappelle très nettement cet épisode douloureux. Allongé sur le sol enneigé et respirant avec difficulté, je regardais le ciel sombre et je me disais : « Tu as tout essayé, Alfredo. Tu as donné le meilleur de toi-même mais tu n'y es pas arrivé. » Ensuite, j'ai pleuré à chaudes larmes, tandis que Sylvain rigolait avec les autres enfants.

Perdu dans mes songes, dans le métro, me voilà en train de me demander si ma peur d'échouer ne viendrait pas de là – mes doutes constants et ma lâcheté me font si vite baisser les bras…

Assis en face de moi dans le wagon, un homme semble égaré dans ses pensées. À quoi songe-t-il, lui ? À une humiliation qui remonte loin ? à un patron trop autoritaire ? à une femme qui l'a quitté ? à ses fins de mois compliquées ? à son conseiller de Pôle Emploi, un autre Bertrand Bubard ? Ou bien à un rêve, une espérance ?

Je vous comprends, monsieur.

Station Villiers, je descends.

13

L'appartement de Peter Carlson est surprenant. C'est un loft cossu, abondamment décoré de sculptures, de bustes et de tableaux, meublé en style Louis XVI, avec de grands canapés en cuir. Les murs sont d'un blanc lunaire, uniformément lisses. Une lumière tamisée donne au lieu l'apparence d'une caverne de luxe. Un écrin d'un goût exquis.

Je suis assis sur un fauteuil recouvert de velours rouge tandis que Peter Carlson a pris place en position semi-allongée sur un immense canapé de couleur taupe. Il porte en tout et pour tout un slip en soie bleu turquoise. Non content de me recevoir dans cette tenue, il ne me propose rien à boire, fume sans arrêt et parle sans discontinuer. Je l'écoute.

— J'en ai forgé des carrières d'artistes, Alfredo, crois-moi ! Des types sur lesquels personne n'aurait misé un kopeck ! Les artistes sont des êtres égoïstes. Vous leur faites confiance, vous les amenez à la gloire, vous supportez leurs angoisses et leurs doutes, et puis, un jour, ils oublient jusqu'à votre existence ! Aujourd'hui, beaucoup ne sont plus dans mon écurie. Ils vont au plus offrant, oubliant l'humain. Un simple contrat, Alfredo, du papier paraphé, voilà ce que nous sommes pour ces petits ingrats !

Carlson allume une autre cigarette et laisse libre cours au flot de son amertume. Mes yeux sont rivés sur son slip bleu turquoise.

— Et mon associé, ce serpent… Tu crois qu'il a pris des gants, Alfredo ? Évidemment non ! Il m'a trahi. Et pourquoi ? Hein, pourquoi ? Pour le pognon, toujours !

Je suis venu pour parler de moi, pour présenter mon œuvre de peintre. J'étais si enthousiaste à l'idée de montrer mes toiles. Mais ce type, en slip dans son loft de millionnaire, me raconte ses déboires comme si j'étais un intime. C'est à peine si j'existe à ses yeux.

Carlson se lève puis se dirige dans un coin du salon. Il attrape deux anneaux reliés à de longs fils élastiques fixés au mur et commence des étirements. Il écarte les bras, se suspend, se balance. Moi, je le regarde comme un con. Un long silence. Enfin, il laisse tomber les anneaux et revient près de moi. Une nouvelle clope aux lèvres, il s'affale sur le sofa et reprend :

— J'ai perdu mon procès, Alfredo. Il a détourné les contrats que nous avions signés ensemble. J'ai perdu un ami, un frère, sans oublier les artistes que je croyais être des camarades. Et je ne parle même pas du fric ! Comme tout vient en même temps dans ces moments difficiles, ma femme m'a trompé avec un jeune graphiste de San Francisco, un minable. Tout ça, parce qu'elle disait que je ne la regardais plus, qu'elle n'existait pas. Ah, la blague ! Alors que je suis un homme altruiste, Alfredo ! Un homme qui pense aux autres, qui sait écouter…

J'ai envie de l'insulter à présent. Pourquoi m'a-t-il fait venir ? Je me moque de ses déboires. Il m'observe de son regard éteint, passe la main dans son slip et se gratte les couilles.

— Alfredo, même mon fils ne me parle plus. Il m'en veut. J'ai laissé sombrer le navire, il ne retient que cela et surtout il croit sa mère, cet ingrat ! Je l'aimais tellement, pourtant… La vie est si dure, Alfredo, les souffrances d'un homme…

Je scrute son loft de prince, avec ses œuvres d'art et ses sculptures monumentales. Avec ce que lui a coûté cet écran plat géant encastré dans le mur, je pourrais faire partir mes parents en vacances pendant un an. Même son slip turquoise doit équivaloir à mon loyer mensuel. Je me fais des films : « Je me lève et je lui crache dessus. Mieux ! Je le déslipe et je le fesse comme un chien qui a fait une bêtise. Carlson, prends ça ! Bam ! »

Ce mec est incroyable. Il accorde si peu de valeur à autrui qu'on se demande, quand il parle, s'il est conscient de ne pas être seul dans la pièce. Je ne suis pas seulement en train de perdre mon temps, je suis humilié. Je me lève, sans illusion sur cette entrevue qui ne servira à rien. Et c'est alors que je l'entends me dire, les yeux au plafond, perdu dans ses pensées, cette phrase que je ne suis pas près d'oublier :

— Alfredo, Alfredo. Il faut m'aider, Alfredo.

Me dire ça à moi ?!

Je pourrais pleurer de rage, ou lui mettre mon poing dans la gueule. Au lieu de ça, je me lève et sors sans un mot. Mais en claquant la porte.

J'ai marché longtemps sur l'avenue de Villiers. Les néons des boutiques scintillaient dans l'obscurité et le vent soufflait. Je me sentais seul au monde avec ma sacoche et j'ai pressé le pas, écœuré.

« Allez tous vous faire foutre ! » ai-je hurlé de rage dans la nuit, en shootant dans une canette de bière qui traînait sur le trottoir.

14

Aujourd'hui, j'ai décidé de m'aérer. J'ai besoin de penser à autre chose qu'à mon nombril. De marcher sans but précis. De me perdre un peu. « Alfredo, je me suis dit, partir en promenade, c'est voyager dans son propre pays. » J'ai pris le métro, direction les Abbesses, et je suis parti me balader place du Tertre, sur la butte Montmartre. J'aime cet endroit. Et puis, là-bas, il y a Serge, un ami peintre lui aussi. Comme moi, il n'a pas fait les Beaux-Arts ni d'école ; comme moi, il peint. Pour gagner sa vie, Serge dessine des portraits qu'il vend aux touristes. Mais au fond, c'est un puriste, un artiste dans l'âme.

Quand je suis arrivé place du Tertre, il se tenait derrière son chevalet, sa feuille cartonnée devant lui : avec application, il croquait au fusain un gros Chinois, assis, immobile, sur un tabouret.

— Hé, Serge, ça va ? ai-je lancé.

— Et toi, l'artiste ?

Il y avait quelque chose d'intéressant dans la façon dont Serge avait représenté les traits du visage. Son esquisse, au style caricatural, témoignait d'un vrai talent artistique.

— Serge, tu en penserais quoi si j'exposais mes toiles par ici ?

— Il te faut une autorisation de la mairie, l'artiste. C'est compliqué ! Je dois renouveler la mienne tous les trois mois, sur concours.

Bon. Une idée de plus qui tombe à l'eau. Mon lac personnel en est rempli. Le Chinois a sorti un billet de cinq euros de sa poche, il a contemplé son portrait et son visage s'est illuminé. Il a dit merci trois fois puis s'est éloigné. Serge a bu une gorgée de pinard à la gourde.

— Je vais partir en Crète. Il paraît que là-bas y a du boulot, m'a-t-il annoncé.

— Tu vas faire des portraits ?

— Non. Je vais vendre des huîtres au porte-à-porte. Bah oui, Alfredo ! Je suis comme toi, un raté qui ne sait rien faire d'autre que peindre !

Serge s'est baissé pour mettre un peu d'ordre dans sa boîte métallique.

Il a trente-cinq ans, il est plutôt amusant, grand et mince, avec des yeux noirs comme des olives de Calabre et des cheveux mi-longs. C'est un Libanais maronite qui a fui la guerre civile avec sa famille. Il a trois passions : la peinture, les femmes et la défonce.

Je l'ai rencontré dans un cours d'histoire de l'art, aux Beaux-Arts. Tout comme moi, il s'y était introduit en douce, et on s'en était fait virer tous les deux. Ce jour-là, on s'était raconté nos vies. Depuis, je vais lui rendre visite de temps en temps, soit par ici, place du Tertre, soit dans sa chambre de bonne, rue de Picpus, pour lui montrer mes toiles, qu'il n'apprécie pas vraiment. Et lui me présente ses projets. Il peint des paysages de façon très réaliste. Il est doué, mais il boit et fume beaucoup trop, surtout de la weed.

J'ai regardé autour de nous les badauds et les touristes place du Tertre. Et soudain, en ce mercredi ensoleillé d'avril, ma vie a basculé. Une fille s'est approchée. Elle a jeté un coup d'œil aux caricatures et a demandé d'une voix douce, teintée d'un léger accent italien qui a caressé mon oreille :

— Vous pouvez le faire, mon portrait ?

Serge lui a fait signe de s'asseoir.

Cette fille était sublime. Environ vingt-cinq ans, des traits fins, brune, un visage angélique, des yeux de biche, un corps de danseuse. Sans doute une Italienne de passage à Paris. Je l'ai regardée comme un enfant qui salive devant une glace à la fraise. « Tout ce qui viendra de toi sera bon, beauté si pure », ai-je songé.

En s'asseyant, elle m'a adressé un sourire resplendissant. « Voilà que tu tombes amoureux,

Alfredo ! Et tu vas souffrir parce que tu n'oseras jamais aborder cette beauté-là. Elle va récupérer son portrait, t'adressera un autre sourire qui te fera trembler, puis elle disparaîtra comme elle est venue, dans la foule des vacanciers. Et Serge me dira alors : une belle paire de nichons, la petite ! »

Il fallait conjurer le sort. Prendre les choses en main. Ne pas laisser le destin m'échapper. « La chance n'existe pas », avait dit le rabbin Meyer. J'allais la suivre, cette fille. Oser lui adresser la parole. Lui avouer qu'elle était la plus belle vision que j'ai eue depuis le jour où mon père m'a offert un vaisseau spatial pour mes sept ans. Je ne devais pas laisser filer une occasion pareille. « De la *houtspa*[1], Alfredo ! »

Je ne quittais pas des yeux le portrait, qui prenait forme. La fille me lançait des coups d'œil pleins de curiosité, l'air de dire : « Alors, ça donne quoi ? C'est ressemblant ? » J'osais à peine lui sourire et la regardais, béat. J'étais en train de tomber amoureux à la vitesse d'une étoile filante. D'un simple regard, cette fille m'avait bouleversé – ses yeux, son visage, son âme, tout !

« Ridicule, Alfredo Scali, débile ! Reprends-toi ! Sois un homme ! »

Elle s'est levée quand Serge lui a tendu le dessin terminé et a poussé un petit cri de

1. Mot yiddish signifiant « culot monstre ».

ravissement. Elle a payé, nous a remerciés d'un signe de tête, puis elle est partie. Serge a allumé un bédo.

— Toi, t'es amoureux. Tu serais un sacré imbécile de laisser filer ça, l'artiste !

Sans un mot, comme hypnotisé, j'ai planté là mon ami et me suis dirigé vers le café où elle venait d'entrer. En arrivant dans cette brasserie bruyante, je l'ai vue, juste en face de moi ; elle buvait un chocolat chaud.

Je n'ai pas osé m'installer d'office à sa table, mais lorsqu'elle m'a vu chercher maladroitement une place, elle a réagi.

— Eh, viens donc !

Je me suis assis en face d'elle, j'ai commandé la même chose. Puis je l'ai contemplée, ébloui. Et c'est elle qui a entamé la conversation, le plus naturellement du monde.

— Tu fais des portraits, toi aussi ?

— Non. Je suis très mauvais en portraits mais je fais des toiles, des tableaux, quoi. Je suis peintre, artiste peintre.

Quel idiot ! Pourquoi présenter les choses ainsi, sans aucune assurance ? « Alfredo Scali, enfin ! Réveille-toi ! Tu es tout de même le peintre du rêve des guépards ! »

— Wouah, c'est cool ! J'adore la peinture. Je suis originaire de Rome, où je fais des études d'arts plastiques. Je viens souvent à Paris, car ma sœur y habite. Elle est mariée avec un Français, m'a-t-elle expliqué.

J'ai pensé : « Et si je lui montrais des photos de mes toiles sur mon Smartphone ? Allez, ose, quoi ! » J'ai sorti mon téléphone portable.

— Tu veux voir ce que je fais ?

— *Si !* Oui, oui ! a-t-elle répondu, enthousiaste.

Mon cœur battait si fort qu'il n'était pas à exclure que je meure subitement dans ce café. J'étais comme un enfant, paralysé par la peur de mal faire. Pourtant, cette fille paraissait douce et gentille. Je sentais son parfum sucré. J'ai fait défiler les photos de mes tableaux. Elle les regardait une à une, concentrée, et a même pris mon portable pour les examiner de plus près.

— Mais c'est magnifique ! *Mamma mia !* Quel talent !

J'ai bégayé bêtement.

— En fait, j'ai inventé un nouveau style. Je peins les rêves des animaux, leur inconscient.

— J'adore !

En huit mots, cette femme rayonnante, sortie de nulle part, venait de chambouler ma vie. Elle m'avait redonné confiance en moi l'espace d'un instant, et je portais sur elle le regard de l'amour. Mais en même temps, j'étais pétrifié : et si elle était mariée ? Si elle préférait les blonds, nordiques ? Moi, je n'étais qu'un sépharade ténébreux.

— Je m'appelle Céleste. Et toi ?

Même son prénom était singulier, c'était le nom d'une couleur en adéquation avec sa beauté : le bleu Céleste.

— Alfredo.

Elle a dégusté son chocolat chaud, et moi aussi. Pendant un moment, je l'ai écoutée me raconter ses voyages fréquents à Paris, me parler de ses musées préférés et des peintures qu'elle aimait tant. Pas une seule fois elle n'a évoqué un homme, un fiancé. Bon signe, ça !

« Alfredo, pense à ton père. Positive ! Cette fille tombe du ciel. Pourquoi Dieu serait-il pervers au point de t'envoyer une pépite qui ne serait que du toc ? Engage-toi. Surprends-la. Elle a une âme d'artiste, elle doit aimer les barjots. Parle-lui de ton singe à la maison. Non, pas encore. Du boulot de ton père ? Non. Des gâteaux de ta mère ? De son tiramisu à la pêche ? Non. Pas ça. Du dernier film que tu as vu ? De ta dernière expo ? D'une peinture italienne que tu adores ? Tiepolo ? Pas maintenant. Propose-lui… voilà… propose-lui quelque chose. Elle est en vacances, l'esprit ouvert. Elle rencontre un peintre dans la ville qu'elle aime. Que c'est romantique ! Allez, j'ai une idée ! »

— Céleste, tu sais quoi ? Notre rencontre est tellement improbable… On dirait une peinture improvisée.

Elle a souri.

Je tenais le fil. « Continue, Alfredo. Tu es un gagnant. Pas comme au foot ! »

— Céleste, j'ai envie de me promener avec toi sur les quais de Seine.

Et nous voilà quai d'Anjou, flânant, un cornet de glace à la main. Céleste me posait des tas de questions sur mes peintures. Elle était aussi craquante que les gâteaux de Pâques de ma mère. Tout à coup, j'ai eu envie de me laisser aller. Parce que ce moment s'apparentait à un rayon de soleil, et cette fille à une apparition improbable. « Vis cet instant, Alfredo. Ne te pose pas de questions. Ça risque de contrarier l'événement. »

Elle m'a fait remarquer :

— C'est vraiment génial que tu puisses faire ce que tu aimes, tu sais, malgré…

Elle a eu une brève hésitation.

— … Malgré ce que pourraient dire tes parents… Ils en disent quoi, les tiens ?

J'ai songé à ma mère, à son appréhension quant à mon avenir. J'ai réprimé un soupir.

— Ils me font confiance.

— Quelle chance ! Alfredo, je vais t'avouer quelque chose…

Elle s'est arrêtée de marcher et m'a fixé en faisant la moue.

— Petite, je voulais être actrice. Je me déguisais tout le temps pour attirer l'attention, je désirais être tous les personnages possibles. J'aimais aller au théâtre avec mon père. Il m'y emmenait le dimanche, et je me prenais pour Antigone, celle qui osait dire non aux hommes avec une détermination de fer. Mais mon père voulait que je fasse des études. Et, tu vois, il a gagné. J'ai dû abandonner ma passion pour le théâtre. Toi, Alfredo, ne lâche pas : persévère !

En ce mois d'avril, beaucoup de touristes admiraient le panorama depuis les quais parisiens, avec Notre-Dame, les bateaux-mouches qui passaient.

— Il faut que je te dise quelque chose, lui ai-je soufflé à l'oreille.

Elle a paru surprise. Alors, j'ai voulu lui exprimer la plus profonde des vérités dont je suis convaincu, sans faire preuve d'aucune stratégie. « Libre, Alfredo. Si c'est une fille comme tu le penses, elle saisira. »

Sur le pont des Arts, admirant la Seine qui miroitait comme dans un tableau de Monet, j'ai pris sa main, douce comme l'eau.

— Céleste, il faut que je t'embrasse par nécessité, lui ai-je dit.

Elle a eu un regard tendre.

— Nécessité ? a-t-elle demandé, avec son petit accent italien.

Le soleil se couchait sur la Seine, la lumière était cristalline. Je n'entendais plus que le tempo de mon cœur. Je me suis approché d'elle, elle m'a offert ses lèvres au goût de pomme verte, et sous la coupole bleu maya du ciel parisien, je l'ai embrassée avec fougue.

En arrivant chez moi, Céleste a vu Schmidt qui s'est aussitôt mise en retrait, en posture d'observation. Je lui ai expliqué que c'était normal, qu'il fallait lui laisser un peu de temps avec les nouveaux venus. Au bout d'un moment, Schmidt m'a fixé comme pour me donner son approbation, avant de s'approcher de Céleste et lui faire un bisou. Elle était déguisée en curé et portait la kippa bleue à fils d'or de mon père : cela a fait rire Céleste, qui l'a trouvée géniale. Quand je lui ai raconté son job chez Sahani, Céleste m'écoutait avec la même attention que si j'étais le président du Parlement européen.

Pendant que j'étais aux fourneaux, elle a joué avec Schmidt ; elles s'entendaient à la perfection. J'ai sorti une bonne bouteille de bordeaux et lui ai servi ma spécialité : les pâtes aux courgettes et au safran. Elle a trouvé ça *ottimo ! delizioso !*

À table, l'ambiance était chaleureuse. Assise avec nous, Schmidt mangeait le bœuf et le riz casher que mon père lui avait préparés. Céleste et moi étions comme une famille, avec notre capucin. Je la sentais aussi étonnée que moi par la tournure imprévue qu'avait prise cette journée.

— Alfredo, je voudrais bien voir tes peintures, a-t-elle réclamé en dégustant les pâtes.

J'étais heureux qu'elle me demande cela, tel un enfant qu'on sollicite pour qu'il sorte de son coffre ses jouets les plus chers. C'était bien ça : j'étais comme un gamin depuis notre rencontre, innocent, léger, me laissant porter par l'événement. J'ai sorti mes toiles et les lui ai commentées une à une. Elle les a contemplées avec minutie, l'œil pétillant, sous le regard de Schmidt.

— C'est vraiment beau ! Saisissant.

Saisissant ! Elle a employé ce mot-là.

J'ai préparé un thé à la menthe et j'ai sorti les biscuits confectionnés par ma mère. Schmidt jouait sur son arbre, se balançant et poussant des cris de joie. Nous avons discuté un moment. Puis nous nous sommes enlacés et nous avons fait l'amour. Ce fut un moment unique. Nous étions nus l'un contre l'autre sur le lit, le corps brûlant de désir. Le visage de Céleste était serein, son corps si harmonieux, sa peau douce et parfumée. Tout à coup, nous avons entendu un bruit sourd. C'était Schmidt. Elle venait de s'installer sur le tabouret devant le chevalet et, comme du haut d'un mirador, nous observait.

Nous avons continué nos caresses, tendres et enivrantes. C'était magique. Schmidt, qui nous fixait toujours, tenait à présent ma palette de peinture et un pinceau.

Elle nous peignait ! Elle nous peignait… pendant que nous faisions l'amour !

— Schmidt ! ai-je hurlé.

Céleste m'a retenu :

— Non ! Laisse, c'est top ! Tu as un singe comme toi, un artiste ! C'est juste incroyable…

Pour ma part, je trouvais cela bizarre. Mais Céleste s'est blottie dans mes bras et j'étais l'homme le plus heureux du monde. Et même si la vision d'un singe déguisé en curé, portant une kippa, nous peignant pendant que nous faisions l'amour, était assez surréaliste, je n'avais qu'une envie : embrasser Céleste partout et lui manifester mon désir.

15

Trois jours ont passé. Trois jours de bonheur et d'extase avant que Céleste ne reparte pour Rome.

Qu'avait-elle de plus que les autres, cette fille dont j'étais instantanément tombé amoureux ? Est-ce que je l'aimais en raison de l'intérêt qu'elle me portait ? De la confiance en moi qu'elle m'insufflait ? De sa beauté ? De sa sensibilité ? De nos goûts communs ? Et qu'est-ce qui lui plaisait en moi, le fantasme que j'incarnais ou l'homme que j'étais ? Était-ce à cause des qualités qu'elle percevait en moi ? De mon physique ? Ou parce que j'étais artiste à Paris, idée éminemment romantique ? « Stop, Alfredo, ne te dévalue pas, tu n'es pas si mal que ça ! »

Plus je passais de temps avec elle, plus j'y voyais clair.

Céleste n'était pas comme les autres femmes qui avaient croisé ma route : elle m'appréciait comme j'étais. Jusque-là, j'avais rencontré des filles qui me reprochaient d'être trop ceci, pas assez cela – au choix : sérieux, intello, sensible, fragile, cochez la case. Qui me disaient qu'il fallait que… Que quoi ? que je régresse ? que je m'adapte pour leur faire plaisir, alors qu'elles manquaient cruellement, selon moi, d'esprit, de finesse, de tolérance… Qu'elles retournent donc chez leur mère !

Étrangement, dès que Céleste a posé les yeux sur moi, j'ai ressenti un nœud d'émotions complexes. Après coup, lorsque je me suis refait le film, j'ai compris : il existe des êtres si rares que, lorsqu'on les croise, ils vous touchent à jamais. Alors il ne faut pas les quitter d'une semelle. Il faut les suivre au bout du monde.

Céleste, que tu es belle ! Tes yeux sont le reflet de ton âme, ils ne trichent pas. Ta peau est douce et dorée comme le miel. Ton esprit est de cristal. Tu es pure comme l'innocence, palpitante comme la colombe, épanouie comme la rose. Ta grâce, oh oui, ta grâce, Céleste, est si naturelle que tu l'ignores. Tout est scintillement en toi, pierre précieuse. Fusion sans explication rationnelle, invisible comme une fragrance.

Je l'ai observée tandis que nous marchions la nuit, main dans la main, à travers Paris. Nous chantions des chansons italiennes et la ville nous appartenait. Elle ne se lassait pas de m'interroger sur tout : sur mes envies, sur un sujet de société, sur ce qui motivait mon désir et mon inspiration. Je la revois, dans son élégante robe noire et ses talons hauts et fins, dans ce restaurant gastronomique de l'Étoile où, grâce au salaire de Schmidt chez Sahani, j'avais pu l'inviter à dîner. Nos échanges et nos rires rendaient jaloux les couples mutiques autour de nous. Nous étions allés au musée et nous discutions des œuvres que nous avions admirées. Ah, ces débats murmurés au milieu de la foule comme si nous étions seuls au monde. Et puis, le partage des corps, nos caresses et ces décharges de bonheur intense… Dormir avec Céleste, c'était rêver en douceur. Le temps s'arrêtait et coulait à la fois.

Tout cela me faisait peur. Je savais qu'elle devait repartir. J'avais déjà envie de la revoir, de faire des projets avec elle. La nuit, pendant que je dormais, elle regardait mes toiles, et le matin elle me murmurait, de son accent italien à faire fondre un diamant : « C'est bien, le temps avec toi. »

Céleste, tu es arrivée par hasard dans ma vie. Nous ne nous sommes pas quittés depuis trois jours et tu as embrasé mon être. Tu m'as redonné confiance ! Quand une femme à l'esprit si aiguisé croit en vous, elle vous offre la promesse d'un avenir.

Céleste, merci.

Je l'ai serrée si fort, à l'aéroport, qu'elle a dû comprendre l'importance qu'elle avait prise pour moi en si peu de temps. Mais elle, dans tout ça ? Que pensait-elle ? J'avais si peur qu'elle parte. La reverrais-je ? Partageait-elle mes sentiments ?

Ce jour-là, le jour du grand départ, je n'ai pas pu m'empêcher d'être nerveux, désagréable. Jaloux. « Minable, Alfredo ! » Les hommes, quand ils la croisaient, lui jetaient un regard admiratif. En la voyant sourire à un type qui s'était approché d'elle pour lui demander du feu devant l'aéroport, je suis devenu dingue. Elle en a été surprise.

Alors je me suis excusé et, autour d'un café, je lui ai un peu raconté mon adolescence, qui m'avait tant marqué.

Les sorties, le samedi soir, synonymes de honte, d'humiliation, de solitude. J'étais incapable de séduire les filles qui me plaisaient. Même échanger avec elles était au-dessus de mes forces. Aucune ne s'intéressait à moi ni ne me regardait. Aussi m'étais-je construit tout seul, avec les livres de peinture que ma mère m'offrait, puis avec mes pinceaux et mes toiles. Je peignais, je peignais, je peignais la nuit, le jour.

Céleste m'écoutait dans cette cafétéria bruyante, dans le vrombissement de l'aéroport. Je lui ai relaté comment, à l'âge de treize ans, mes parents, pour soigner ma timidité et ma solitude, avaient cru bon de m'envoyer en colonie de vacances aux Baléares. Ils m'avaient inscrit par l'intermédiaire d'un collègue de travail de mon père qui vivait dans les beaux quartiers parisiens. Dans ce lieu bourgeois, les ados étaient habillés à la mode, contrairement à moi qui n'avais pas le *dress code* qu'il fallait. J'avais l'air d'un soda dans une flûte à champagne, et c'est ainsi qu'avec mépris, on m'a mis de côté. J'ai gardé le silence, je ne voulais pas faire de peine à mes parents ; je ne souhaitais pas leur rappeler notre condition de pauvres, ni la honte qui était la mienne quand les autres m'y renvoyaient.

Un après-midi de soleil ardent, au bord de la piscine, j'avais réussi l'exploit de discuter avec un garçon nommé Thomas. Je n'osais pas ôter mon polo à manches longues, car j'étais bien trop maigre et blanc de peau. Thomas m'avait convaincu de l'enlever par cette chaleur, puis il m'avait promis d'amener dans ma chambre la première fille qui me plairait. Le plus naïvement du monde, je lui avais demandé s'il était possible de parler à la belle, la sublime Clara. Il m'avait dit de me tenir prêt à 21 heures précises. J'étais resté plus d'une heure à rêver, à me répéter les mots que je voulais lui adresser. Je lui avais même écrit un poème, orné d'un joli dessin plein de romantisme. J'avais enfilé une chemise blanche, un pantalon de velours noir – ce n'est que plus tard que j'ai compris combien j'étais ridicule. C'est alors que j'ai reconnu, dans le couloir qui conduisait à ma chambre, les voix de Thomas et de Clara.

Lui cherchait avec insistance à la convaincre que j'étais un type singulier, assez bizarre, mais *intéressant*. Mais elle se fichait éperdument des garçons intéressants. L'important pour elle, c'était la beauté physique, associée à un je-ne-sais-quoi d'insouciance, à une assurance juvénile et au style qu'il fallait. Le contraire de ce que j'étais. Et soudain, Clara s'était retrouvée à l'entrée de ma chambre. D'instinct, en me voyant, elle avait reculé et pouffé de rire en me toisant avec dédain. Puis elle s'était exclamée avec une moue de dégoût : « T'es dingue, Thomas, jamais de la vie ! », avant de tourner les talons.

Thomas m'avait reproché mon manque d'initiative ; j'aurais dû lui tendre la main, lui parler. Je n'en avais pas eu le cran. Cette nuit-là, je n'avais pas trouvé le sommeil, j'avais passé des heures à fixer le plafond, abattu. Par la fenêtre ouverte, j'avais entendu Thomas se moquer de moi avec ses copains. « Tu aurais vu sa tronche ! Habillé comme un pianiste qui va donner un concert ! Ha ha ha ! Clara avec un abruti pareil ! Ah le con, il y a cru quand même ! »

Par la suite, j'avais évité de sortir de ma chambre. Je descendais au village de vacances uniquement pour téléphoner à mes parents. Je leur racontais que tout allait pour le mieux, car ils étaient convaincus que cette colonie me ferait le plus grand bien. Je m'étais abstenu de leur dire que je ne buvais plus et m'alimentais à peine. Lorsque les moniteurs m'avaient amené, déshydraté, à l'hôpital, les autres gamins m'avaient regardé comme une bête curieuse.

Des souvenirs comme celui-là, j'en avais des quantités à raconter à Céleste.

Céleste, si parfois je me montre stupide, maladroit ou jaloux, c'est qu'il peut m'arriver de voir dans tes yeux ceux de Clara. De vieilles blessures se rouvrent en moi et je me mets à redouter que tu sois comme elle. Ne m'en veux pas, comprends-moi. Et si tu ne me comprends pas, accepte l'amour que je te porte, que je ne comprends pas moi-même et qui est si fulgurant.

Après m'avoir écouté avec beaucoup d'attention, Céleste m'a pris dans ses bras. Je l'ai embrassée passionnément. Nous nous sommes dirigés vers la salle d'embarquement. J'avais une boule dans la gorge et je sentais comme un malaise entre nous. Sans doute en avais-je trop dit. Il y a des choses qu'il faudrait savoir garder pour soi. Depuis notre rencontre, je n'avais parlé que de moi, tout y était passé, mes peintures, mes parents, mon singe, mes souvenirs abîmés, mes souffrances silencieuses... Mais je ne l'avais pas fait exprès. J'étais simplement heureux à l'idée qu'une si belle fille m'écoute et me regarde enfin. Pouvait-elle en être rebutée ? Qu'importe après tout ! Je suis Alfredo Scali, un humble mortel avec ses qualités, ses maladresses et son amour.

Céleste a posé ses doigts sur mes lèvres. Puis, juste avant de passer le portique de sécurité et de partir pour Rome, elle m'a dit :

— Mets du bleu dans ta vie, Alfredo.

16

Le téléphone m'a réveillé. C'était ma grand-mère. J'entendais derrière elle la voix de Bob Marley qui roucoulait.

— Allô ! Comment va Schmidt ?

— Je vais bien, mamie.

— Elle fait quoi, là ?

— Elle est au boulot.

Daisy a paru très inquiète.

— Comment ça, elle est au boulot ? Depuis quand est-ce que Schmidt bosse ? Et quand vais-je devenir arrière-grand-mère ? Bouge-toi un peu ! Je vous aime.

Sur ce, elle a raccroché. Elle devenait de plus en plus foldingue et imprévisible. Puis, en réfléchissant, j'ai compris que ma mère avait dû lui raconter que Schmidt travaillait au bazar d'en bas – elle lui racontait tout –, même si, deux minutes plus tard, Daisy l'avait déjà oublié.

J'ai pris mon petit déjeuner et sauté sous la douche. Céleste me manquait mais je ne devais pas me laisser aller à la nostalgie. J'ai décidé de filer avec mon portfolio et mes toiles rue du Faubourg-Saint-Honoré pour faire le tour des galeristes et des boutiques d'art afin d'y présenter mon travail.

Assis dans le bus, j'observais par la vitre les rues de Paris. C'était une journée ensoleillée. À un arrêt, j'ai aperçu deux gars en tenue de sport qui couraient en tenant une coupe de championnat dorée. Ils avaient l'air fiers. Ils la levaient au-dessus de leurs têtes, comme un trophée. Moi, je n'ai jamais eu l'esprit de compétition : je trouve que lorsqu'on gagne, c'est parfois arbitraire, et que lorsqu'on perd, c'est souvent injuste.

J'ai parcouru la rue du Faubourg-Saint-Honoré en prenant mon temps. Il soufflait un vent chaud et le ciel était d'un bleu Klein.

Je flânais avec la certitude que, même s'il ne fallait pas s'attendre à un miracle, je devais tenter quelque chose : dans la vie, ne pas prendre de risque est bien trop risqué. Je n'avais jamais rien exposé, personne ne me connaissait ni n'avait jamais entendu parler de mes œuvres. Alfredo Scali, un parfait inconnu qui tentait de se faire une place. « Un jour, un type te donnera ta chance, il t'exposera, me suis-je dit. Peut-être que tes toiles se vendront. Peut-être même que tu seras connu dans le monde entier, que tes peintures s'arracheront. "Avez-vous du Scali ? Ma femme en est folle ! Vous n'en avez pas ? Vous n'êtes pas sérieux !" »

Je suis entré dans une galerie et j'ai expliqué à la jeune femme qui m'accueillait – avec le sourire commercial de rigueur – que j'étais artiste peintre, que j'aurais souhaité voir son patron ou un responsable pour lui montrer mes œuvres. Elle a laissé tomber toute hypocrisie pour n'être plus que déplaisante.

— Il n'est pas là, le responsable. Et nous ne travaillons qu'avec des artistes que nous connaissons.

Un peu agacé, j'ai répliqué quelque chose de difficilement vérifiable :

— Je suis très connu en Birmanie.

— Ça ne nous intéresse pas. Allez ! a-t-elle rétorqué en levant les yeux au ciel.

« Allez » ? « Allez vous faire foutre » ? Ça devait être ça. Je n'ai pas insisté. Je me suis présenté dans deux autres galeries, où ça n'a rien donné non plus, bien que j'aie pu montrer ce que je réalisais. Ça ne plaisait pas. « Pas vraiment pour nous, merci. »

Alors, je suis allé prendre un café dans une brasserie, m'offrant une courte pause pour réfléchir. « As-tu pensé, Alfredo, à ce que sera ta vie si tu ne parviens pas à percer dans cette voie qui est la tienne ? Que deviendras-tu ? Chauffeur routier, vendeur de cartes de visite, slameur ? Tu ne sais rien faire. »

Céleste aimait ma peinture et elle avait du goût, un œil et une réelle sensibilité artistique. Ça compte, ça ! Et puis je ne l'ignorais pas : les vrais artistes sont rarement reconnus de leur vivant : seule la postérité les révèle. Ceux qui deviennent célèbres le doivent à leur ténacité, ou ont été repérés par chance ou par piston.

« Alfredo, tu n'as pas vraiment de chance. Ne compte pas là-dessus. Personne ne sonnera à ta porte en te promettant de faire de toi un prince. » Avec une mère qui passait ses journées à préparer des gâteaux, un père soigneur animalier et un frère en Floride aficionado du shopping, mieux valait aussi oublier le piston. Il me restait tout de même une piste, et pas des moindres : celle de l'artiste qui ne lâche rien.

J'ai payé mon café, pris mon portfolio et je suis reparti à l'assaut, tel un soldat.

Je me suis présenté à un homme ventripotent, en costume bleu ciel avec un nœud papillon parme, dans une galerie qui exposait des tableaux et des sculptures de styles variés. L'endroit était spacieux et les œuvres sans grande cohérence entre elles. L'homme n'était pas très agréable. Il examinait mes toiles avec minutie et les commentait à voix haute : « Non, pas ça. Pas ça, non. Non. Pas pour ma clientèle, ça. Ouais, pas mal mais non. Intéressant mais non… »

Rien ne lui plaisait, manifestement.

Mon humeur s'est noircie mais je tentais de conserver un fond d'espoir. Tandis que je remballais mes peintures dans mon portfolio, une toile en lin, pliée en deux, est tombée par terre. Le type l'a scrutée, un peu surpris.

— Montrez-moi ça !

Je l'ai ramassée. C'était une explosion de couleurs vives qui évoquait une sorte de compulsion graphique abstraite ; il en émanait quelque chose de fou, de vertigineux. L'homme l'a observée longuement. J'ai tout de suite compris : Schmidt en était l'auteur. Et ce dessin-là retenait l'attention du type.

— Mais c'est ça que je veux ! s'est-il exclamé. Ça, c'est génial ! C'est délirant ! Étonnant et apocalyptique ! Quelle maîtrise de la couleur, quelle technique ! Enchanté, je m'appelle Charles Vignon.

Il m'a tendu la main chaleureusement.

J'étais sous le choc. Mon singe, un artiste ?

Le galeriste contemplait la toile, complètement exalté.

— Je prends ! Ça, je prends ! Vous en avez d'autres du même style ?

J'ai fait non de la tête.

Sur le chemin du retour, je suis passé voir Nassim au *Tchao Pantin*. Il était au bar avec Youssef, un voisin âgé d'une soixantaine d'années. Youssef est un poète un peu spécial, parfois très cru. Pour tous les événements du quotidien, il a des aphorismes énigmatiques qu'il aime faire partager aux autres. Il est très fier – il ne sait pas pourquoi, mais il est fier.

Quand Youssef m'a vu entrer, il s'est exclamé avec son fort accent oranais :

— Alors, Scali, où tu étais ? Tu te caches dans les cuisses de ta mère ?

Je l'ai salué et me suis assis devant la télé après avoir commandé une citronnade. À un moment, Nassim a zappé et s'est arrêté sur une chaîne d'information diffusant des images de Dominique Strauss-Kahn en vacances à Marrakech en compagnie d'une belle blonde. En le voyant à l'écran, Youssef a réagi :

— C'est un gros *halouf*, celui-là, mais *wallah*, je l'aime bien !

— Sa femme doit avoir du courage tellement il chasse les culs, a commenté Nassim.

— Les femmes savent où elles mettent les pieds avec un coureur pareil, a répliqué Youssef.

— C'est sûr, mais j'ai entendu dire qu'elles étaient surtout subjuguées par son intelligence.

En entendant le mot « subjuguées » dans la bouche de Nassim, Youssef a eu comme un bug.

— Subjuguées, subjuguées… Elles sont subjuguées par sa bite, oui ! a-t-il lancé.

Nassim m'a provoqué en me jetant un regard noir :

— Au fait, Alfredo, tu me dois ma revanche au baby-foot !

Je n'avais vraiment pas envie de jouer au baby-foot mais il a su me convaincre. Comme d'habitude.

— OK, OK. Je t'offre une tarte tatin.

Je gagnais deux parties à un et Nassim prenait sa revanche très au sérieux.

— Tu joues bien, Scali !

Je n'ai jamais compris comment je pouvais jouer aussi bien au baby-foot, moi qui suis nul en quasiment tout. Youssef, qui sirotait son rouge au zinc, a réagi avec une de ses brèves de comptoir :

— Celui qui gagne croit être puissant, *wallah* ! Celui qui pense ça, il n'a jamais perdu !

Nassim n'a prêté aucune attention à cet adage subtil, mais moi, si ; j'y ai un peu réfléchi et j'ai perdu la partie. Deux à deux. Nassim a retrouvé le sourire.

— Tu t'en tireras pas comme ça, Scali ! Je vais te pulvériser ! s'est-il exclamé, proche de la transe, en se démenant comme un diable sur le baby-foot.

Youssef a fini son verre de rouge. Avant de partir, il nous a livré le fond de sa pensée.

— La vie, c'est comme le baby-foot. Tu crois que tu t'amuses, que tu perds, que tu gagnes. *Wallah !* Si tu penses ça, c'est que tu baises mal ta femme !

J'ai gagné la troisième manche, bu ma citronnade et dévoré ma tarte tatin pendant que Nassim faisait la tête. De méchante humeur, il est retourné derrière le comptoir pour faire du rangement.

Quand je suis rentré à la maison, ma boîte aux lettres contenait un gros paquet, que j'ai ouvert. C'était un script, le scénario de mon pote Thierry Kats. Un mot l'accompagnait :

> *Hé, amigo ! J'ai écrit un scénario, je voulais ton avis. Il est top ! Je pense avoir écrit un sacré chef-d'œuvre ! Tiens-moi au courant.*

J'ai lu le titre : *Les Grains de sable humides.*

Je me suis promis de le lire le soir même, avant d'aller me coucher.

Quand j'ai ouvert la porte de chez moi, Schmidt était allongée sur le lit, déguisée en Mickey. Elle regardait Starsky sans Hutch, en suçotant un berlingot à l'orange, peinarde. Il fallait que je la remercie : la première toile à avoir été retenue par une galerie d'art était la sienne. Je l'ai prise dans mes bras et je lui ai fait un long câlin. Elle fermait les yeux, ravie, tandis que je caressais le duvet de son petit crâne.

À présent, devais-je la motiver, lui filer des beignets à la pistache et la forcer à peindre ? « Alfredo Scali, ton talent sera un jour reconnu et considéré comme indiscutable. En attendant, ton singe te remplace. »

17

— On commence par les fauves ou par ton ami d'enfance, Chocoma l'hippopotame ? a demandé mon père.

J'aimais bien cet hippopotame. Il avait un regard de loubard.

Nous étions tous les deux dans la fourgonnette et roulions à travers le zoo. Dans son uniforme marron foncé dont les bretelles retenaient son gros ventre, mon père conduisait. Nous faisions la tournée des animaux pour leur distribuer à manger. Dans le véhicule, ça sentait le poisson, la viande faisandée et les légumes. La nourriture était coupée en gros quartiers ou en petits morceaux, et disposée dans des seaux ou des gamelles en inox. Le micro de la voiture a grésillé, mon père l'a attrapé pour dire à ses collègues : « Les volatiles, c'est fait. Bijou te passe le bonjour ! »

J'avais décidé de partir tôt pour passer la journée avec mon père. Cela m'arrivait souvent de venir le voir sur son terrain. J'aimais l'observer quand il parlait aux animaux comme à des amis. Et je l'écoutais développer devant les moutons de Somalie des allégories sur la vie.

Mon père prend son rôle de soigneur animalier très au sérieux. Il aime plus que tout nourrir les bêtes. Il a commencé comme épicier dans une petite banlieue et il a séduit ma mère en lui offrant non pas des roses, mais des chocolats. Jusqu'au jour où Daisy a demandé à ma mère : « Mais pourquoi tu reviens de l'épicerie avec autant de chocolats à chaque fois ? » Puis ils ont commencé à se fréquenter. Mon père emmenait maman faire de la barque au bois de Vincennes et il lui chantait Brassens, Ferré et Aznavour, avant de l'emmener en concert à travers la France pour applaudir ces chanteurs.

Sa passion pour les animaux était née, selon la légende familiale, lorsque petit, à Milan, sa ville natale, sa chatte Minouche était morte lapidée par des gamins du quartier. Il avait six ans. Et cela s'était passé trois ans avant qu'il n'arrive en France. « Plus jamais ça ! Je protégerai les animaux comme d'autres protègent leur maison », s'était-il juré. Et c'est pourquoi mes parents furent toute leur vie locataires. Ma mère acceptait cette existence modeste, par amour.

J'ai vu mon paternel descendre de la fourgonnette et se diriger vers la primaterie avec les gamelles remplies.

— Attends-moi là. Je m'occupe des singes.

En revenant, il m'a expliqué qu'il fallait parfois enfouir les aliments dans la terre afin d'habituer les animaux en captivité à retrouver les réflexes innés de la vie sauvage. Mon père avait un rapport à la fois très sérieux et fantaisiste avec les bêtes. Il leur causait. Il avait donné un prénom à chaque animal du zoo, qu'il soit crocodile, gazelle ou perroquet, et il les reconnaissait individuellement. Quand il leur distribuait à manger, il le faisait avec passion. En retour, les animaux l'estimaient. C'est du moins l'impression que j'avais.

En le voyant balancer des maquereaux dans un bassin, une idée m'est venue : peindre le rêve d'une otarie dépressive.

Il faisait gris et lourd, une atmosphère plombée.

— Tu es vraiment différent de ton frère, m'a fait remarquer mon père.

Mon frère n'a jamais voulu venir voir mon père au zoo. Pour lui, seule la réussite matérielle compte, alors donner à becqueter à des pumas…

— Comment tu expliques ça, papa ?

— Je ne l'explique pas. C'est ainsi. Regarde Brutus le pingouin, là-bas. Il dort toute la journée. Mais son frère, Falolo, il fait le zouave sans arrêt, il saute, il chahute… S'il pouvait montrer son cul au public, il le ferait avec plaisir.

Mon père essayait de me dire une chose qu'il m'avait déjà enseignée en des termes plus choisis : d'une rose peut sortir une épine, et d'une épine une rose. Les différences entre les hommes ne sont pas toujours liées à l'éducation qu'ils ont reçue, ni même à leur caractère. C'est ainsi. Tout ne s'explique pas. Il faut juste se faire une raison, et composer avec.

Nous nous sommes assis sur un banc pour faire une pause. Les girafes nous observaient pendant que mon père sortait d'un sac en plastique notre déjeuner : deux énormes sandwichs au saumon avec des sodas.

— On mange, mais toujours après les animaux. Eux, ils ne peuvent pas réclamer, a-t-il déclaré.

Je lui ai parlé de Céleste en mordant dans mon casse-croûte et lui ai avoué que j'étais amoureux.

— Fils, fais gaffe. Les femmes, ce sont des flammes. Au début c'est beau, c'est solide comme un jean que tu adores porter. Mais au bout de quelques passages en machine, ça s'use, le tissu s'abîme.

Une pause, puis il a ajouté, les yeux dans le vague :

— Autre exemple. Quand tu contemples ta belle assiette de couscous, c'est coloré, les légumes sont là, frétillants. Ils t'appellent. Mais, quand tu l'as fini, ton couscous, tu n'as plus qu'une envie : faire une bonne sieste. Prends le temps, ne t'emballe pas. Tu désires quoi, chez elle ?

Je le regardais dévorer son sandwich. Il était drôle et sage. Et il avait tellement raison ! On idéalise, puis on tombe amoureux et on aime. Mais le temps passant, est-ce que les couleurs d'origine peuvent revenir ? Il faut savoir avec certitude ce que l'on désire chez l'autre. Moi, je savais ce que je désirais chez Céleste, et ce n'était pas que son physique. Non : c'était son esprit, sa façon de penser, de m'encourager, de croire en moi. Pour sûr, c'était une femme comme elle qu'il me fallait.

— Amène-la à la maison, ta belle. Je lui ferai un gratin de pâtes. Mais fais attention, fils. Quand tu me parles d'elle, il est plus question du regard qu'elle porte sur toi que de celui que tu portes sur elle. J'espère qu'elle ne le ressent pas de cette façon, a fait observer mon père en découpant sa poire avec son couteau suisse.

Tandis que nous déjeunions, nous regardions les visiteurs s'arrêter devant l'enclos des girafes. J'étais heureux de partager ce moment simple avec mon père.

Il a interpellé une famille qui contemplait l'une des deux girafes.

— Elle s'appelle Fanta ! J'ai longtemps hésité, au départ je voulais l'appeler Pompidou, leur a-t-il crié.

Un homme s'est retourné et a baragouiné quelque chose d'incompréhensible. Je crois que c'était de l'allemand, mais nous n'avons rien compris, et mon père a terminé sa poire.

Mon portable a sonné.

— Alfredo Scali ?

— Lui-même, ai-je répondu.

— Charles Vignon, de la galerie Vignon du Faubourg-Saint-Honoré. J'ai une bonne nouvelle !

— Je vous écoute.

Mon père s'est levé énergiquement.

— Allez ! On va voir les kangourous, maintenant !

Au bout du fil, les paroles du galeriste m'ont galvanisé.

— Un Coréen vient d'acheter ta toile. Je lui ai un peu survendu le truc en lui disant que tu étais un artiste prometteur, très prisé, et tout le baratin. Il en redemande ! Alfredo, il veut d'autres toiles de toi !

Ce ciel avait beau être d'un gris de plomb, tout baignait autour de moi dans une lumière dorée.

— Je la lui ai proposée pour six mille euros ! Et il n'a pas même négocié ! Quatre mille pour moi, deux mille pour Alfredo Scali ! Tu passes quand tu veux chercher ton chèque. Et rapporte-moi vite d'autres toiles. Va falloir bosser maintenant, champion !

Sur ce, Vignon a raccroché. Mon père a sorti du coffre de gros récipients en inox débordant de quartiers de viande fraîche.

— Papa ! J'ai une bonne nouvelle !

Il ployait sous le poids des gamelles.

— Faut filer ça à Django et Babette, ensuite tu me racontes, a-t-il rétorqué.

— Papa, je suis riche ! Je viens de vendre une toile !

Il a déposé son chargement à terre et m'a serré dans ses bras.

— Bravo ! Tu vois, je te l'ai toujours dit : ça va venir, ça va venir… Et là, c'est venu ! Ce n'est qu'un début, mon fils !

Sur le coup, je n'ai pas osé lui dire la vérité. Je n'étais pas l'auteur de cette toile, et ce n'était pas le reste de mon œuvre que le galeriste attendait : c'était celle de Schmidt. Mais mon père avait une telle confiance en moi et en mon talent – à ses yeux, son fils était un génie… J'ai souri bêtement, feignant l'enthousiasme :

— Oui ! C'est une super nouvelle !

Il a marqué une pause, plongé dans ses pensées, puis il a gueulé tellement fort que les kangourous ont sursauté :

— Allez ! Ce soir, on passe chez Félix et on s'achète du foie gras et des gâteaux à la crème !

Il s'est dirigé vers l'enclos des kangourous d'un pas allègre en chantonnant « Gare au gorille », de Brassens.

J'ai pensé : « Il faut que j'appelle Casimir. »

— Allô ?

— Ça va, chiure de macaque ?

Comme je ne lui ai pas répondu en l'insultant comme à l'accoutumée, il a compris que j'étais sérieux.

— Passe chez moi ce soir vers 21 heures. C'est urgent, ai-je dit.

— OK !

Après avoir raccroché, je suis allé rejoindre mon père, qui m'a lancé au pas de course :

— Toute bonne nouvelle que ce soit, les animaux s'en moquent pas mal. Il faut qu'ils bouffent !

Bertrand Bubard
Conseiller Pôle Emploi
188, avenue Jean-Lolive
93 500 PANTIN

Pantin, le 24/04/2017

Monsieur Scali,

Vous n'avez pas travaillé depuis un long moment à présent et je me vois dans l'obligation de vous inscrire à une formation d'un mois, du 3 mai au 2 juin 2017, en vue d'apprendre le métier de conducteur de tramway.

La formation se déroulera de 9 heures à 18 heures, à Châtenay-Malabry.

Son déroulement précis vous sera détaillé par mail.

Merci de me tenir informé.

Veuillez agréer mes salutations distinguées.

Bertrand Bubard

Alfredo Scali
24, rue Étienne-Marcel
93 500 PANTIN

Pantin, le 27/04/2017

Référence dossier Pôle Emploi : 158954 MJV 891

À l'attention de mon conseiller Pôle Emploi qui un jour pourra dire : j'ai connu Alfredo Scali personnellement.

Monsieur Bubard,

Je ne pourrai pas pour le moment, et sans doute jamais, apprendre à conduire ces foutus tramways que je déteste et qui ont transformé ma ville en sinistre espace bétonné à l'esprit collectiviste.

Je viens de vendre une toile, monsieur Bubard ! Vous me lisez bien ? Comme j'en doute et que j'ai raison d'en douter, je répète : JE VIENS DE VENDRE UNE TOILE !

Je suis sur le chemin de la gloire.

Peut-être, je dis bien peut-être, qu'en souvenir de notre collaboration non fructueuse, je vous offrirai une peinture pour votre bureau. Car je le trouve triste comme une tarte aux framboises sans framboises.

Bien à vous,

Alfredo Scali

Bertrand Bubard
Conseiller Pôle Emploi
188, avenue Jean-Lolive
93 500 PANTIN

Pantin, le 30/04/2017

Monsieur Scali,

Je confirme donc votre inscription à la formation de conducteur de tramway.

Je vous prie de recevoir mes salutations distinguées.

Bertrand Bubard

Alfredo Scali
24, rue Étienne-Marcel
93 500 PANTIN

Référence dossier Pôle Emploi : 158954 MJV 891

Pantin, le 02/05/2017

À l'attention de mon conseiller Pôle Emploi qui ignore l'existence du bonbon à la menthe.

Monsieur Bubard,

Je suis parti en tramway à Acapulco, en voyage avec votre femme.

Elle en avait vraiment marre de vous, la pauvre.

Je suis un homme si doux et compréhensif…

Sincères salutations d'Alfredo Scali, depuis les sublimes plages d'Acapulco en compagnie de votre femme qui me masse le dos.

Alfredo Scali

18

— Il va falloir qu'il peigne, le salopard ! a vociféré Casimir.

— C'est une femelle, ai-je objecté.

Schmidt était debout sur le tabouret. Face à elle, le chevalet, la toile blanche prête à l'usage, la palette et les pinceaux posés sur le rebord. Casimir et moi, nos verres de whisky à la main, guettions une réaction du singe, qui nous regardait, impassible.

— Pourquoi elle ne peint pas ? Fait chier !

— C'est un singe, elle doit avoir ses humeurs, ai-je avancé en buvant une gorgée de whisky.

— Sans blague ? Eh, il s'agit de ton avenir, là. Il faut la faire peindre, et fissa !

J'ai fixé Casimir, un peu vexé.

— Ouais, bon…, a-t-il tempéré. OK, OK… C'est comme ça. Faudra te faire une raison : actuellement, c'est ce singe qui peut te sortir de la mouise.

J'ai posé mon verre et baissé la tête. Casimir m'a tapé sur l'épaule.

— Écoute, c'est comme ça pour l'instant. Tu verras, un jour tes toiles seront considérées. Ça va venir, comme dit ton père. Mais en attendant…

Schmidt nous a observés un long moment en silence. Ensuite, elle s'est gratté le crâne et est descendue du tabouret pour aller sur son arbre en peluche et se balancer.

Casimir s'est dressé d'un bond.

— Dis-moi exactement comment il a peint, ton singe. À quel moment ? Je veux tout savoir. Sinon, on va jamais y arriver. Ça fait deux heures qu'on le motive avec des beignets et des cacahuètes, qu'on lui parle et qu'on lui donne de la charcuterie que j'ai rapportée pour l'occasion, mais il s'en tape, l'enfoiré !

— ELLE ! Elle s'en tape ! C'est une femelle ! ai-je clamé. Et je te l'ai déjà expliqué : quand j'étais avec Céleste et que nous avons fait l'amour, Schmidt a sauté sur le tabouret, devant le chevalet, elle a pris ma palette et mon pinceau, et elle a peint. Voilà.

Casimir a terminé son whisky en regardant Schmidt faire des cabrioles sur son arbre.

— Bon. Ça ne sert à rien de la forcer pour le moment. Allons faire un tour, on va trouver une solution.

J'ai emporté le script de Thierry Kats avec moi. Ce fameux scénario, je l'avais lu la veille et je le trouvais naze. Mais je voulais avoir l'avis de Casimir.

Nous avons roulé dans Paris. C'était une belle nuit tiède. Sur la terrasse bondée d'un bar de Saint-Germain-des-Prés, sur fond d'accords de jazz, nous avons siroté nos bières en discutant. Nous observions sur le boulevard la foule des promeneurs.

— Et si elle était jalouse ? ai-je murmuré.

Casimir a toussoté.

— Schmidt ?

— Oui. Peut-être que me voir faire l'amour avec Céleste l'a fait réagir… à sa façon…

— En peignant une toile ? s'est exclamé Casimir.

Il a réfléchi un moment.

— Possible, oui. Elle est jalouse et elle peint ? Ou bien…

— Ou bien ?

— Elle sait que tu galères, et… elle veut t'aider. C'est intelligent, un singe.

— Je sais pas…

Casimir a passé la main dans sa longue chevelure blonde. Ses yeux étincelaient, comme quand il réfléchit sérieusement.

— Ou alors… elle n'aime pas tes peintures et elle veut faire quelque chose pour toi. Tu m'as dit qu'elle te regardait peindre pendant des heures sans bouger ?

J'ai terminé ma bière, dubitatif.

— Elle non plus, elle n'aime pas mes peintures ?

— Écoute, si tu veux en avoir le cœur net, il faut que tu amènes Céleste chez toi et que tu lui fasses l'amour, a conclu Casimir.

— Mais elle ne revient pas à Paris avant deux semaines !

— Alors, trouve une autre nana, baise-la et tu verras comment réagit ton singe femelle ! a-t-il répliqué en se levant.

Nous avons payé nos bières, puis marché sur le boulevard et traversé la Seine en parlant sans discontinuer. Nous étions à présent sur les quais, à regarder les bateaux-mouches illuminés. Près de nous, des jeunes fumaient de l'herbe, buvaient et chantaient. Notre-Dame brillait dans la nuit.

— Écoute, Céleste aime ce que tu fais. Et toi, tu l'aimes, cette fille, non ? a repris Casimir, soucieux de m'aider.

J'ai acquiescé.

— Regarde. Moi, depuis que Mei m'a quitté, je n'arrive plus à écrire. Ou plutôt, aucune maison d'édition ne veut de mes manuscrits. Et je n'ai pas de singe ou de panthère en mesure d'écrire un roman qui trouverait grâce aux yeux d'un putain d'éditeur !

Si déprimé soit-il, Casimir était en veine de confidences, ce soir.

— J'ai un job alimentaire. Expert en assurances, tu sais, ce n'est pas mon truc, a-t-il poursuivi.

Il a attrapé un caillou par terre et l'a jeté dans l'eau. Puis il m'a pris par l'épaule.

— Il va te sortir de la dèche, ton singe. Déjà qu'il te ramène un billet en bossant chez le Sri-Lankais en bas de chez toi… Et qu'est-ce que ça peut faire, après tout, que ce soit lui qui peigne à ta place ? L'important, c'est d'ouvrir les premières portes. Ensuite, tu feras tout ce que tu voudras, du moment que c'est signé de ton nom. Regarde : Picasso aurait pu dessiner n'importe quoi, une ventouse qui fait du vélo ou une gaufre qui manifeste, tout le monde aurait trouvé ça génial !

Casimir avait raison : Schmidt était ma chance.

Il a ensuite voulu jeter un coup d'œil au scénario de Thierry Kats. Comme il écrivait bien, il aimait donner son avis sur le travail des autres. Alors, je lui ai tendu le script, tout en sachant que ça l'agacerait : Casimir avait un haut degré d'exigence et de précision dans sa prose, et Thierry Kats écrivait à peine mieux qu'une méduse.

Je ne m'étais pas trompé. En tournant les pages, Casimir faisait de drôles de grimaces. Tandis qu'il lisait le scénario, je regardais passer les bateaux chargés de touristes faisant de grands gestes. Soudain, il est devenu enragé. Il s'est levé en tordant ce qu'il considérait non comme un script, mais comme une lingette usagée. Le scénario a volé dans les airs pour finir sa course dans le fleuve, et *Les Grains de sable humides* ont sombré dans les eaux nauséabondes, sous les projecteurs des bateaux-mouches.

— Je suis un écolo, Alfredo, a-t-il tonné. Un vrai ! Je milite pour une planète propre. Mais là ! Si ce scénario termine sa vie dans la Seine, ça sera déjà un bel hommage ! Comment peut-on écrire un texte aussi merdique ? Chut ! Ne me réponds même pas : je suis hors de moi ! Je me casse.

Et il s'est éloigné au pas de charge, sous les yeux des badauds interloqués. Il était furieux mais demain il m'appellerait comme si de rien n'était : « Ça va, misérable fumier ? Faut que je te raconte mon rêve ! On mange une pizza au saumon ? »

Je suis rentré seul, à pied, en me demandant comment j'allais bien pouvoir inciter Schmidt à peindre. J'ai aussi songé au scénario de mon pote Thierry, grotesque, insipide, alors qu'il s'imaginait avoir écrit un chef-d'œuvre. Quelle idée, aussi, j'avais eue de faire lire ce script à Casimir ! Et quand Thierry me demanderait mon avis, que devrais-je lui dire ?

Version 1 : « Écoute, c'est pas mal… Intéressant. »

Version 2 : « Pas encore lu. »

Version 3 : « Demande à Casimir, il a adoré ! »

19

Cette nuit, j'ai fait un drôle de rêve. J'étais dans une immense pièce, blanche et aseptisée, baignée d'une lumière apaisante, et j'entendais de la musique classique.

Assis face à mon chevalet, je peignais avec passion. L'inspiration affluait. Devant moi, tous les êtres que je connaissais ou que j'avais croisés ces derniers jours étaient là. Ils me regardaient peindre et m'applaudissaient : mes parents, Casimir, Serge, ma grand-mère, Nassim, Youssef, Bubard, mes voisins, mon frère, sa femme et ses enfants, Charles Vignon et les autres galeristes à qui j'avais montré mes toiles. Tous m'acclamaient.

Je rayonnais. J'étais aux anges.

Soudain, je levais les yeux et j'apercevais Schmidt, discrètement agrippée à une poutrelle beige. J'étais le seul à la voir. Elle me fixait et se mettait à m'applaudir, elle aussi. Puis elle prenait un pot de peinture et, très lentement, me le renversait dessus. De la peinture bleue coulait sur moi, sous les yeux des spectateurs qui avaient cessé de m'ovationner.

Je me noyais dans cette épaisse peinture, distinguant tout juste Schmidt qui, d'en haut, me scrutait en se grattant la barbiche.

Je me suis réveillé dans un sursaut, en nage, lorsqu'on a sonné à la porte. Schmidt ronflait paisiblement à mes côtés. Je me suis levé pour aller ouvrir. Il était 8 heures du mat' : c'était Sahani.

— Alfredo, ça va ?

Un peu étourdi, je me suis souvenu qu'il m'applaudissait lui aussi dans mon rêve avec tous les gamins du quartier.

— Merci, oui, ai-je répondu, la bouche pâteuse.

Il a sorti une enveloppe de sa poche et me l'a remise.

— Bonne semaine avec Schmidt. Clients viennent de loin pour voir cet enkilé !

J'ai pris l'enveloppe, encore troublé par mon rêve. Schmidt s'est approchée de nous et a sauté dans les bras de Sahani.

— Ton singe adore Joe Dassin, lui s'exciter comme un fou quand musique de Joe Dassin.

— Ah oui ?

— Joe Dassin, c'est celui qui est mort électrocuté dans baignoire.

— Nan, ça n'était pas lui ça.

— Si c'était lui.

— Nan, ça n'était pas lui, j'te dis.
— Toi, rien connaître du tout.
— T'aimes bien Joe Dassin ?
— Non.
— Alors, pourquoi tu m'emmerdes ?
— Ton singe réaction pas normale quand musique de Joe Dassin.
— Essaye de mettre du Claude François dans ton bazar et tu verras bien.
— Scali ?
— Oui ?
— Toi pas faire comme Joe Dassin.
— Hein ?
— Toi venir acheter ampoules chez moi, meilleure qualité.
— D'accord Sahani.
— Scali ?
— Quoi ?
— Michel Sardou, grand chanteur.
— Michel Sardou, grand chanteur oui, ai-je fait en bâillant.

Schmidt a grimpé sur les épaules de Sahani.

— Je te la ramène ce soir, 18 heures à peu près, a-t-il annoncé avec son accent sri-lankais.
— OK.

Et ils sont partis. Je me suis remis au lit. J'ai ouvert l'enveloppe : un billet de deux cents euros s'y sentait seul. Une belle semaine. Je me suis aussitôt rendormi.

À midi, quand j'ai rouvert les yeux, j'ai consulté mon Smartphone pour voir si j'avais reçu un mail ou un appel de Céleste : rien. Je lui avais adressé trois mails et deux messages, ces derniers jours.

Mail n° 1 : *Céleste, tu me manques. Tu es partout avec moi, là où tu n'es pas.*

Mail n° 2 : *Ma douceur romaine, quand reviens-tu à Paris ? Veux-tu que je vienne te voir ?*

Mail n° 3 : *Mon amour, je viens de vendre une toile ! Je voulais te l'annoncer. Je t'embrasse de toutes mes forces.*

Sans réponse. Bien évidemment, je m'étais abstenu de lui dire que la toile vendue était celle que Schmidt avait peinte pendant que nous faisions l'amour.

Assis à mon bureau, j'ai allumé l'ordinateur. Il fallait que je lui écrive de nouveau. Je suis resté immobile un long moment devant le clavier. Un poème ? Bonne idée, ça ! Je me suis levé pour faire chauffer de l'eau et me suis préparé un thé à la menthe. « Éveille ton esprit, Alfredo Scali ! » Je suis retourné à l'ordinateur. Rien ne me venait. J'étais incapable d'écrire. Gros problème. Et si Céleste trouvait mon poème nul ? J'ai touillé mon thé à la menthe. « Alfredo, peu importe la forme. Allez ! Laisse parler ton cœur. Et tant pis si c'est maladroit ! »

À : celestelombardino876543@gmail.com
De : alfredoscali_348765@live.fr
Envoyé le : 6/05/2017
Re : Mi manchi proprio

Céleste,
La mia dolcezza, juste ce petit poème pour toi.

Un pétale de rose est tombé
Par hasard, je l'ai rattrapé

L'eau qui m'abreuve vient de toi
Une idée douce comme la soie

Grandir ensemble, libres et légers
En osmose pour tout affronter

Un parfum dans l'air quotidien
Pour toujours soude notre lien

Sans raison, sans mots pour le dire
Je ne songe pas à atterrir

Et je lui ai envoyé le mail, tout content, sans même me relire.

Je me suis étiré, j'ai consulté mon compte en banque en ligne : il ne me restait plus que soixante euros pour terminer le mois. Mais j'avais en ma possession les deux cents euros en espèces de Sahani, et un chèque m'attendait chez Charles Vignon.

J'ai avalé une soupe instantanée avec quelques croûtons, pris une douche, et je suis parti.

Dans le bus, j'ai repensé au poème envoyé à Céleste. Les mots tournaient dans ma tête, et je me suis senti démoralisé. Quel abruti ! Un vrai poème de mes deux ! « Alfredo Scali, qu'est-ce qui se passe ? Comment as-tu pu faire une chose pareille ? Depuis quand es-tu poète ? Tu te surestimes, maintenant ? Bon à rien ! Qu'est-ce qu'elle va penser en lisant cette daube ? »

Il faisait chaud dans le bus bondé, ça sentait la transpiration. « Respire, Scali. Reprends ton souffle. Regarde par la fenêtre la rue de Rivoli, comme c'est joli ! » J'ai dû voyager debout durant tout le trajet, j'essayais de me calmer. Par chance, Paris était fluide et je suis rapidement arrivé à la galerie.

Charles Vignon m'a reçu comme un général ougandais, avec les honneurs dus à mon nouveau rang d'artiste… d'artiste qui vend. Son accueil était très différent de celui qu'il m'avait réservé avant de voir la toile de Schmidt. J'ai eu droit à une accolade chaleureuse, à une coupe de champagne et à une introduction trop flatteuse pour ne pas être hypocrite.

— Dès que je vous ai vu, j'ai su qu'il y avait quelque chose de spécial en vous !

« Et si le Coréen n'avait pas acheté la toile de mon singe, qu'aurais-tu vu en moi, hein ? Mon grain de beauté sur la joue droite ? » ai-je pensé.

Nous avons trinqué puis il m'a fait faire le tour du propriétaire. Parmi les œuvres qu'il exposait, il y avait des univers abstraits, du gothique, du figuratif aussi, et de l'art contemporain.

— J'ai des artistes en tous genres. Ma clientèle est large et je voyage beaucoup avec mon fils Nicolas, que je te présenterai. Et si, au bout de quelque temps, un artiste ne trouve pas sa place, eh bien… je le dégage. Nous exposons au Japon, en Corée mais aussi à New York, m'a-t-il expliqué, enthousiaste.

J'ai remarqué qu'il passait indifféremment du « vous » au « tu », mais j'ai laissé faire. Il s'est assis à son bureau et a signé mon chèque.

— C'est le tout début d'une grande aventure entre nous, Alfredo Scali, a-t-il prédit en me le tendant.

Je n'en revenais pas.

— Merci, monsieur, je ferai de mon mieux, ai-je répondu timidement.

Il a rigolé comme le font les bourgeois, d'un rire caricatural.

— Appelez-moi Charles ! Tout le monde m'appelle Charles ! Sauf mon chat, qui est muet comme une carpe. Allez, au boulot ! Rapportez-moi d'autres chefs-d'œuvre. Et vite !

J'ai approuvé et, sans un mot, j'ai quitté la galerie de Charles Vignon qui m'a adressé le plus beau sourire de sa palette.

« Alfredo Scali, quelque chose est en train de changer dans ta vie, ai-je pensé sur le chemin du retour, en remontant la rue du Faubourg-Saint-Honoré. Il va falloir que tu fasses un don ou une bonne action, pour remercier le bon Dieu. »

À l'angle de l'avenue Franklin-Roosevelt, avant de prendre le métro, j'ai aperçu un type avec un labrador noir qui faisait l'aumône. « Alfredo, sois un homme bon. » Mon père m'a enseigné depuis ma naissance qu'il faut toujours avoir des pièces sur soi pour ne jamais avoir à ignorer une main tendue.

J'ai repéré la devanture d'un fast-food et j'ai commandé un kebab, des frites, un cookie et un soda, ainsi que deux boulettes à la viande pour le chien. Puis je me suis dirigé vers le type au labrador et lui ai donné le sac rempli de nourriture. Il m'a regardé comme si j'étais le Messie.

« La bénédiction d'un pauvre est pure », a coutume de dire mon père. Le type était en train de dévorer goulûment son kebab et le labrador, vorace, n'avait fait qu'une bouchée des boulettes.

— Merci, monsieur, m'a lancé l'homme.

— Je peux vous demander quelque chose ?

— Tant que tu me réclames pas de pognon, vas-y.

Je lui ai demandé de me bénir.

— Hein ? Te bénir, moi ? Mais comment ?

— Eh bien… vous mettez votre main sur ma tête, comme un pape, un rabbin ou un sage, et vous me bénissez.

Il m'a dévisagé bizarrement puis il s'est levé et, en pleine rue, entre les boutiques de luxe et les galeries d'art, il a posé d'un geste hésitant sa paume sur mon crâne. Le chien nous observait en remuant la queue ; quelques passants regardaient la scène avec étonnement.

— Euh… De tout mon cœur, je te bénis, mon garçon ! m'a-t-il dit.

J'ai fermé les yeux et, au plus profond de moi, j'ai prié. « Mon Dieu, faites que Céleste aime mon poème. Faites que mes toiles, je dis bien *mes* toiles, rencontrent un jour le succès. Mon Dieu, faites que je sois en bonne santé, ainsi que mes parents et tous ceux que j'aime. Mon Dieu, faites que le monde soit meilleur et que ce type qui me bénit s'en sorte. Mon Dieu, faites aussi en sorte, pendant que vous y êtes, que son chien mange toujours à sa faim. Mon Dieu, je vous aime. »

Quand il a ôté sa main, je me suis senti bien et je l'ai remercié. Puis je me suis engouffré dans le métro et je suis rentré. J'avais envie de voir mes parents.

Sur le palier, ça sentait bon le rhum. J'ai sonné.

— Je prépare un cake au rhum, m'a dit ma mère en ouvrant avant de retourner à la cuisine.

J'ai ouvert le frigo. Chez mes parents, le réfrigérateur est toujours rempli à ras bord. « Nous sommes peut-être pauvres, mais notre frigo est riche », aime à répéter mon père. Dans une assiette, une sole et des haricots verts n'attendaient que moi. Je les ai réchauffés au micro-ondes et je me suis attablé dans la salle à manger, pour regarder les informations à la télévision.

— Hier, j'ai fait un marbré au chocolat. Prends-en pour ton dessert, a proposé ma mère depuis la cuisine.

Sur mon portable, la sonnerie de *L'Île aux enfants* a retenti. Casimir.

— Alors, il a peint, le singe ?

— Toujours pas.

— Faut que Céleste revienne ou que tu en baises une autre.

— Je lui ai écrit. Elle ne répond pas. Je lui ai même composé un poème. Aucun retour. Ça commence à m'inquiéter…

— Tu lui as écrit un poème ? a répété Casimir, inquiet.

— Oui.

— Aïe ! T'auras plus de nouvelles, alors.

Et il a raccroché.

J'ai passé l'après-midi chez mes parents, pendant que ma mère faisait de la pâtisserie. Tout en regardant la télévision, je scrutais mon portable pour guetter un mail, un message ou un appel de Céleste. Mais de tout l'après-midi, personne n'a pensé à moi. En fin de journée, Sahani a sonné pour déposer Schmidt, que j'ai ramenée dans mon appartement. Elle était fatiguée : elle a pris un beignet à la pistache et, après s'être dévêtue de son smoking rose pâle, s'est allongée sur le hamac que mon père lui avait installé près de la fenêtre.

Je suis retourné chez mes parents. Vers 20 heures, mon père est rentré, chargé de nombreux sacs de commissions – depuis que je suis petit, chaque soir il revient à la maison chargé de courses –, et nous avons dîné. Avec mon premier chèque, j'avais envie de les gâter. À table, entre le poulet rôti et les patates, j'ai dit à ma mère :

— Maman, va dans une parfumerie, achète ce que tu veux. Fais-toi faire un soin, fais-toi plaisir.

Elle s'est levée pour m'embrasser, la larme à l'œil, et m'a serré dans ses bras. C'est si bon de pouvoir faire plaisir à ceux qu'on aime. « Voilà quelque chose qu'une personne immensément riche ne pourra jamais s'offrir, ai-je pensé : rendre heureux les autres, tous les autres. Avec les milliards que possèdent certains, avec leurs bateaux et leurs villas aux robinets en or, jamais ils ne pourront donner du bonheur à tous les gens qui peuplent la Terre. Ils pourraient au moins essayer. Ils devraient tenter l'expérience.

Alfredo Scali la tentera, lui. Il devra vendre beaucoup de toiles pour réaliser ce vœu pieux ! »

J'ai demandé à mon père ce qui lui ferait plaisir. Sans réfléchir, il a répondu :

— Partir une journée à Bruxelles avec toi. Ta mère ne veut pas m'accompagner.

— Tu veux faire quoi, là-bas ?

— Shlomo, à la synagogue, m'a dit qu'une friterie casher a ouvert et qu'elle était fantastique. J'aimerais aller goûter leurs frites.

— D'accord, partons à Bruxelles manger de fantastiques frites casher.

Son visage s'est illuminé. Il s'est levé pour aller chercher à la cuisine une boîte marron et or provenant de son pâtissier favori, et l'a déposée devant nous. Elle contenait des pâtisseries de toutes sortes dont ma préférée, la tarte au citron – la tarte au citron, cet ami de passage qui ne reste jamais plus de quelques minutes.

— Et les gâteaux que je vous prépare, ils comptent pour du beurre ? s'est offusquée ma mère.

— Ils sont un complément appréciable à notre vie de pauvres, a répliqué mon père.

Il m'a proposé une tartelette, mais je n'avais plus faim.

— Ça n'est pas une question de faim, mais de dessert, m'a-t-il répondu.

20

Le départ pour Bruxelles était imminent. Ma mère venait de nous déposer à la gare du Nord.

Mon père avait pris sa journée pour l'occasion. Il a acheté quantité de journaux à la gare et voyageait avec pour seul bagage un cabas gigantesque en tissu beige contenant sandwichs, paquets de chips, biscuits, bonbons, rouleau de Sopalin, lunettes de vue dans leur étui, sans oublier son livre de prières, une biographie du général de Gaulle et une enveloppe remplie de monnaie pour les pauvres qui croiseraient notre chemin.

Dans le train, il a lu les journaux. Moi, je lorgnais inlassablement mon portable au cas où Céleste se manifesterait. Toujours pas de nouvelles. Mon père a sorti des biscuits salés et m'en a proposé. Aucune envie.

— On rapportera des chocolats à ta mère, a-t-il promis.

Je me suis levé pour aller faire un tour du côté du bar.

— Où tu vas ?

— Boire un Coca.

Il a sorti une cannette de son cabas magique.

— Pas la peine. C'est la ruine dans les trains.

Il m'a tendu le soda.

— Je vais prendre un peu l'air.

Il a chaussé ses lunettes et ouvert son livre sur de Gaulle.

— L'air est gratuit. Prends ton temps.

Je me suis promené d'un wagon à l'autre, observant les passagers assis à la voiture-bar devant un café. Je tendais l'oreille – leurs conversations n'avaient rien d'intéressant. Par la vitre, je regardais le paysage défiler à toute vitesse. De la verdure, des vaches dans les prés, des autoroutes, des routes de campagne, des voitures, des villages, des maisons et, parfois, des gens. Les anonymes qu'on entrevoit depuis un train à grande vitesse existent bien, et pourtant on dirait les accessoires d'une maquette ou d'une maison de poupée. On y pense un instant et on les oublie aussitôt. Curiosité furtive. Ainsi va la vie.

Nous sommes arrivés en gare de Bruxelles à 11 h 32 précises. Mon père s'est levé une fois que tout le monde est descendu.

Devant la station de taxis, je lui ai demandé :

— Tu veux faire quoi ? Les frites, tout de suite ?

— On se promène en ville d'abord, on se prend une bonne bière et on achète les chocolats pour ta mère. On terminera par les frites.

Dans le taxi, il était comme un gamin dans un magasin de jouets : il faisait des commentaires sur tout.

— Je vivrais bien à Bruxelles, moi, c'est propre et les taxis sont aimables, a-t-il déclaré en jetant un coup d'œil au conducteur dans le rétroviseur.

Notre chauffeur ressemblait à un nounours flamand. Il était gros, chauve et enjoué. Il nous a déposés dans la rue Neuve, l'un des quartiers commerçants de la ville.

— Bon séjour à Bruxelles ! nous a-t-il lancé.

J'ai réglé la course. Mon père a sorti de son cabas un paquet de biscuits aux pralines. Il l'a tendu au chauffeur de la même manière qu'il donne des graines aux oiseaux, au zoo. L'homme, étonné, l'a pris. Ils se sont regardés et il y a eu un long silence.

— Vous avez une tête que j'aime beaucoup, lui a dit mon père.

Le nounours flamand a ouvert le paquet, en a sorti un gâteau et a croqué dedans.

— J'apprécie votre geste, monsieur. Je me souviendrai de vous, a-t-il répondu en guise d'adieu.

Mon père est coutumier de ce genre d'actions. C'est une habitude ancrée en lui : il a toujours des biscuits à offrir à des inconnus dont il s'entiche, des chewing-gums pour les enfants et des friandises destinées aux animaux qu'il croise dans la rue. D'où viennent cette empathie, cette gentillesse chez lui ? Pourquoi les autres comptent-ils autant pour mes parents ? Par devoir moral ? Par croyance religieuse ? Du fait de leur cœur naturellement pur ? Sûrement un peu de tout ça. J'ai appris d'eux que l'inquiétude de l'autre, c'est l'humanisme.

Nous avons déambulé rue Neuve, comme les touristes que nous étions, à regarder les boutiques, les commerces et les édifices. Le soleil, un peu voilé, diffusait une lumière d'un gris de Payne éblouissant. Nous nous sommes attablés en terrasse, dans une brasserie artisanale, pour goûter une bière locale. Mon père a siroté la sienne en contemplant les gens autour de lui.

— Papa, pourquoi es-tu si altruiste ?

— Tu me trouves altruiste ?

— Je te trouve excessivement altruiste.

— À ce point ?

— Tu penses sans arrêt aux autres !

— C'est un défaut, tu crois ?

— Peut-être.

— Pourquoi ?

— Parce que si tu avais davantage pensé à toi, à nous, on aurait sans doute été moins dans la dèche.

— Tu trouves qu'on est dans la dèche ?

— On est pauvres.

— Nous avons l'essentiel.

— Ça pourrait être mieux.

— Parce que je penserais moins aux autres ?

— Oui.

— Peut-être que oui, peut-être que non.

— Tu ne penses pas ?

— Un homme doit savoir rester fidèle à ce qu'il est, et surtout, ne jamais tricher.

— Bien sûr papa, ai-je répondu, la boule au ventre.

Je ne lui avais toujours rien dit pour la toile de Schmidt.

— Et puis, je suis comme je suis, mon fils. On s'améliore ou on empire, mais on ne se refait pas. Faut pas oublier les chocolats pour ta mère.

Nous avons terminé notre bière, puis nous avons redescendu la rue, très animée, pour une balade touristique. J'ai repéré une confiserie-chocolaterie et l'ai désignée à mon père d'un signe de tête.

— Non. Elle n'aimera pas ces chocolats-ci. Tu ne connais pas ta mère, elle est difficile. Parfois, c'est vraiment une bête à soucis mais… je l'aime, a-t-il conclu.

Continuant notre promenade, nous avons trouvé une boutique qui a emporté l'adhésion de mon père. Il a pris soin de choisir les chocolats, un à un, et nous sommes ressortis avec un ballotin joliment emballé.

— Maintenant, on prend un taxi et on va manger les frites, a-t-il déclaré.

— Papa, j'ai envie d'une gaufre.

Le plus naturellement du monde, il a sorti de son cabas un paquet de biscuits. Des gaufrettes aux chocolats.

— Non, je veux une gaufre fraîche, ai-je insisté.

Contrarié, il a rangé le paquet et a soupiré.

— Tu as des exigences, toi…

Alors nous nous sommes mis en quête de gaufres. J'ai trouvé une échoppe et j'en ai commandé une chocolat/chantilly ; mon père, lui, s'est contenté d'une bouteille d'eau. Comme à son habitude, il a sympathisé avec le type qui officiait au fourneau.

— Ça marche, les gaufres ? lui a-t-il demandé, par curiosité.

L'homme, un jeune brun aux traits épais coiffé d'une casquette orange portant l'inscription *La gaufre, évidemment !*, lui a répondu d'un ton monocorde :

— Les gaufres, ouais… Avant ça, je vendais des boomerangs…

— Et vous préférez vendre des gaufres ? a voulu savoir mon père.

— T'essayes, tu vois... C'est une question d'expérience. Si ça ne marche pas, je vendrai peut-être des merguez. En attendant, t'essayes, tu vois...

J'ai terminé ma gaufre, payé la note, et mon père a salué le type en lui disant :

— T'essayes, tu vois !

— T'essayes, tu vois, a répliqué l'autre sans entrain.

Nous avons pris un taxi pour nous rendre à La Friterie du roi David, quartier du Châtelain, 123, rue de l'Amazone.

C'était un endroit exigu, décoré à la façon d'un saloon dans un western de Sergio Leone. À l'entrée, les murs étaient couverts de photos de rabbins encadrées. Mon père les a passées en revue attentivement, poussant une exclamation dès qu'il en reconnaissait un. Car il en connaissait beaucoup, des rabbins qui avaient vécu naguère dans de petites villes d'Europe, de Russie ou d'Afrique du Nord, et qui s'occupaient de leur communauté, attentifs aux problèmes du quotidien, relatant leur existence dans des livres, témoignant de leur sagesse, de leur disponibilité envers les autres et de leur vision du monde... Mon père appréciait de les lire, ces hommes sages. Il partait ensuite sur leurs traces, retrouvant certaines communautés anéanties lors de pogroms ou durant l'Holocauste. Il visitait les cimetières et les synagogues, ou ce qu'il en restait ; il le faisait accompagné de membres de sa communauté de Pantin qui, par le biais d'associations, organisait ce genre de voyage à moindre coût. Et quand il se rendait sur les ruines d'une synagogue brûlée par les nazis – j'avais vu ça sur un cliché qu'il m'avait montré, et cela m'avait particulièrement ému –, lui et son groupe se tenaient par la main, en cercle, pour chanter cette chanson hébraïque qui disait : « *Ham Israel haï* », le peuple d'Israël est vivant.

Il affirmait souvent : « Nos grands hommes à nous ne sont pas des héros qui ont gagné des batailles ou conquis des territoires. Non, ce sont juste des sages, des penseurs de génie qui ont écrit des livres et ont fait le bien dans de misérables villes d'Europe ou d'ailleurs, où ils étaient si souvent persécutés. »

Derrière le comptoir se tenait un homme assez mince, à la longue barbe grise, vêtu d'un costume noir et d'une chemise blanche, et coiffé d'une kippa bleu marine. Il ressemblait à un prophète – un prophète de la patate. Il épluchait des pommes de terre. Nous étions les seuls clients présents. Derrière le présentoir supportant d'innombrables sauces, une énorme machine au bruit démentiel coupait les féculents en bâtonnets et les faisait cuire. Une délicieuse odeur de friture vous ouvrait l'appétit.

— On vient de Paris pour goûter vos frites, a annoncé mon père au barbu.

— Vous êtes les bienvenus, a rétorqué avec chaleur le prophète de la patate. Je m'appelle Ephraïm, et toi ?

— Luciano.

Le type a quitté son comptoir, fermé par deux portes battantes, pour s'approcher de nous. Puis il a pris mon père dans ses bras.

— Luciano ! Tu viens de Paris pour goûter mes frites !

J'ai regardé mon père, un peu surpris.

— C'est le fiston ? s'est enquis Ephraïm.

Mon père a fait oui de la tête. Ephraïm est retourné derrière son comptoir nous préparer des cornets de frites.

— Vous avez là toutes les sauces. La sauce à l'ail, la sauce à l'harissa, la sauce ketchup, moutarde, au poivre, basilic, aneth, houmous, mayonnaise, et puis la sauce internationale, a énuméré Ephraïm.

— C'est quoi, la sauce internationale ? ai-je voulu savoir.

— C'est un mélange de toutes les autres en une seule.

Il nous a tendu deux grands cornets. Mon père a choisi la mayonnaise et moi, le ketchup.

Là, debout dans ce saloon casher bruxellois, nous avons goûté les frites. Elles étaient savoureuses. Croustillante, fraîchement découpée, la pomme de terre avait une saveur parfumée que je ne lui connaissais pas. Ephraïm nous observait avec sérieux pendant que nous mangions.

— Alors ? a-t-il demandé, impatient.

— Jamais, de ma vie, je n'oublierai ce moment, Ephraïm, a déclaré mon père.

— Délicieuses, vraiment, ai-je renchéri.

— Avant ça, j'étais tailleur de pierres précieuses à Anvers, nous a raconté Ephraïm. Luciano, tu connais Anvers ?

Il parlait à mon père comme s'il le connaissait depuis toujours, et mon père lui répondait de la même façon.

— Papa, tu le connais ? ai-je demandé à voix basse.

— Non. Mais il est juif, m'a-t-il rétorqué. Mais comment un tailleur de pierres précieuses se retrouve-t-il à faire des frites casher ? a-t-il demandé à Ephraïm.

Celui-ci a sorti une bouteille de whisky et trois verres. Il était évident que nous étions ses invités. Il nous a tendu les verres remplis à ras bord.

— *Lehaïm*[1] *!* a-t-il dit.
— *Lehaïm !*
— Tailler des pierres, hein ? Ma femme, un jour, m'a dit que je faisais tellement bien les frites que c'était la patate que je devrais tailler, pas les diamants. Luciano, ça t'arrive d'écouter ta femme ?
— Parfois oui, parfois non, a avoué mon père.
— Comment peut-on s'épanouir dans la vie en taillant des diamants toute la journée ? Un jour je suis allé voir le rabbi Mendelssohn. Tu le connais ?
— Celui dont la femme bégaye en russe ?
— Non, celui-là, c'est le rabbin Mankielewitch. Sa femme fait très bien le strudel, d'ailleurs. Bref, le rabbi m'a posé une seule question, alors que j'en avais une centaine au moins à lui poser...

Mon père terminait ses frites. Ephraïm lui a aussitôt proposé un autre cornet. Impossible de décliner une telle offre.

— Le rabbi m'a avoué : « Ephraïm, ta femme m'appelle tous les jours pour m'inviter à venir manger tes frites, qui sont, paraît-il, succulentes. Tu viens toi aussi dans le but de m'inviter ? »

Mon père a attaqué son second cornet.

— Il a su que tu étais fait pour ça, a-t-il déclaré.

1. « À la vie ! » en hébreu.

— Il l'a senti, Luciano. Il a su que ma vie, ce devait être les frites et non plus les diamants !

Je ne comprenais rien à son histoire mais mon père, lui, était totalement dedans. Qu'importe après tout si ce tailleur de pierres précieuses se retrouvait dans un décor de western à produire des frites casher ! Elles étaient juste ahurissantes, ses frites ! Et le bonhomme avait l'air épanoui à outrance. J'ai pris un second cornet, qu'il a été heureux de me préparer tout en nous détaillant avec passion les diverses variétés de la pomme de terre, son histoire, son goût… Il nous a même expliqué l'importance de la patate dans la Bible, en mêlant des mots français, hébreux et yiddish.

Mon père a finalement réclamé l'addition. Mais Ephraïm n'a rien voulu savoir.

— Que Dieu nous en préserve ! Vous êtes mes invités. Quand je viendrai à Paris avec ma femme et mes onze enfants, tu nous inviteras au restaurant, Luciano !

— Avec plaisir.

— Tu es bien sépharade, n'est-ce pas ? a questionné Ephraïm.

Mon père a répondu par l'affirmative.

— Luciano, tu as probablement devant toi le seul juif ashkénaze de toute la Belgique né dans une famille de diamantaires depuis quatorze générations, qui a préféré tailler la patate.

Ce type était singulier, généreux, un peu barré et assurément passionné.

Mon père lui a demandé s'il y avait une synagogue dans le coin.

— Bien sûr ! a répondu Ephraïm. Je ferme la boutique et on y va tous ensemble !

Je me suis assis dans un coin à l'écart, dans le temple, et je les ai observés tandis qu'ils priaient cn s'abandonnant à Dieu, dans une ferveur intense. Il y avait quelque chose de beau dans leur dévotion. Les traits de mon père étaient détendus. Dans cette modeste synagogue, il était dans son élément. Il parlait avec tout le monde, et les gens discutaient gentiment avec lui. Ephraïm l'avait présenté à la petite communauté, ils se prenaient dans les bras comme des amis de toujours, et c'était certainement lié à cette conscience fraternelle qui avait traversé les millénaires. Les tragédies avaient fait de ce peuple un peuple uni et solidaire. Même au bout du monde, si un Juif rencontrait un autre Juif, il devenait comme son frère. Enfin, ça ne devait pas marcher toujours ni partout, mais avec mon père ça fonctionnait bien.

Le rouleau de la Thora était ouvert et le rabbin en lisait des passages à voix haute. Mon père m'a interpellé. Quand je me suis approché, il m'a béni et je me suis senti bien. Protégé et débordant de force. Ephraïm m'a présenté rapidement à la petite communauté. Un homme m'a demandé ce que je faisais dans la vie. J'ai répondu que j'étais artiste peintre.

— Quel est ton nom ?

— Alfredo Scali.

— Et en hébreu ?

— Alfredo Raphaël Élie Scali, ai-je répondu.

— Alfredo Raphaël Élie Scali, *Yichlah lo parnassa tova é réfouachéléma…*, a psalmodié le rabbin au cours de sa prière.

Autour de moi, tous avaient les yeux fermés et prononçaient en mon nom une bénédiction. Mon père me regardait lui aussi en chantant en hébreu. Son visage n'était que bienveillance. J'en ai été touché. On priait pour moi, on me bénissait, alors que j'étais juste venu à Bruxelles pour manger des frites casher.

Une fois sortis du temple, après l'office, tous se sont embrassés avec chaleur. Quittant la synagogue, mon père a levé haut la main :

— Je t'aime de tout mon cœur, Bruxelles !

Dans le taxi qui nous ramenait à la gare, nous avons discuté de quantité de choses, de son travail au zoo, de sa foi, de mon avenir et aussi de mon grand frère Luca.

— Ton frère est un capitaliste endurci. Il a un bon fond, mais il n'est jamais content. Tu lui donnerais la tour Eiffel qu'il voudrait l'Arc de

Triomphe ! Au moins, toi, tu es droit dans tes bottes, et tu n'es pas prêt à toutes les compromissions pour réussir dans la vie !

En entendant cela, j'ai eu une aigreur à l'estomac et ma gorge s'est serrée. J'aurais tellement voulu ne pas lui avoir menti ; comment réagirait-il s'il découvrait la supercherie et s'il apprenait que je me servais de Schmidt pour m'en sortir, en laissant tomber le rêve des animaux, qui m'avait toujours porté ? Il allait penser, à juste titre, que je trahissais nos valeurs et l'éducation qu'il s'était appliqué à me transmettre avec tant d'amour... Il avait déjà le sentiment d'avoir échoué avec mon frère. Je ne pouvais pas le décevoir.

Je n'ai pas su quoi lui répondre. Il regardait au loin, par la vitre du wagon.

— Mes petits-enfants me manquent. Ils sont loin de nous.

— Je sais...

— J'suis un grand-père invisible pour eux.

— Ils doivent quand même penser à toi.

— Sûrement.

— Papa, ça fait quoi d'être grand-père ?

— Eh ben, à présent, je dors avec une grande mère.

J'ai souri et il a posé sur moi son regard plein de bonté.

— Merci pour cette journée, fils.

Le train filait dans la nuit. Des figures géométriques, rutilantes, défilaient devant nos yeux. J'avais passé une belle journée, j'en avais même négligé de regarder mon téléphone portable. Quand il y a eu du réseau, j'ai consulté mes mails ; j'avais enfin reçu celui de Céleste.

> Alfredo, mon bel Alfredo, mon artiste, la *mi anima bella*[1] . Ce fut un très joli moment mais nous n'avons aucun futur ensemble.
>
> Céleste.

Je l'ai relu une dizaine de fois, le souffle coupé. Étourdi, je me suis levé pour prendre l'air. Mon père, qui lisait ses journaux, m'a regardé sans comprendre. J'ai marché, lentement, difficilement, traversant tous les wagons jusqu'au dernier.

Je voyais flou, ça bourdonnait dans mes oreilles. Seul, dans le dernier wagon, face aux toilettes, j'ai pleuré comme un enfant.

1. « Ma belle âme ».

21

Dans le taxi du retour, mon père a tenté de me consoler mais je n'entendais rien.

— C'est qu'elle n'était pas ta chance. Mais rassure-toi : aucune porte ne se referme sans qu'une autre ne s'ouvre. Il y aura d'autres jours heureux. Allons, prends un biscuit aux amandes…

Une fois chez moi, Schmidt m'a fait la fête. Dans son maillot de l'équipe de foot du Nigeria, elle sautillait de joie. Sur la table basse, il y avait un sachet en papier soigneusement agrafé. Je l'ai ouvert : c'était un cake au citron. Un mot l'accompagnait : *Régale-toi. Je t'aime. Maman.* Ma mère me laissait souvent des pâtisseries ainsi emballées, afin que Schmidt ne puisse pas les ouvrir. « Les gâteaux qu'on vous prépare, c'est de l'amour sucré », ai-je songé, groggy.

Je me suis déshabillé pour prendre une douche et suis resté un long moment sous l'eau brûlante, à me remémorer mes souvenirs avec Céleste. Elle tenait mon bonheur entre ses mains. J'avais mis tant d'espérance, tant de foi dans cette histoire. Je me sentais abandonné.

« Nous n'avons aucun futur. » Qu'en savait-elle ? Nous n'avions même pas tenté de vivre ensemble ! Y avait-il quelque chose qui clochait chez moi ? Oh, sûrement ! Mais qu'avais-je donc fait, ou pas assez bien fait, concrètement ? Elle avait l'air honnête, je la sentais si bien dans mes bras, si épanouie. Une page que nous avions commencé à écrire, « un très joli moment », mon cul, oui ! Et voilà que la page s'était déchirée, en même temps que Céleste avait entaillé mon cœur.

Il faisait trop chaud sous la douche et quand j'en suis sorti, la tête me tournait. J'ai enfilé un jogging et, allongé sur le lit, j'ai fixé le mur un long moment. Schmidt s'est blottie contre moi avec un air désolé. En voyant mes larmes couler, elle s'est mise à se gratter frénétiquement la tête. Sans doute pour me faire savoir qu'elle était là, avec moi.

J'ai soudain eu envie d'aller prendre l'air.

Je suis sorti dans la nuit noire avec Schmidt sur mes épaules. Nous avons marché jusqu'à un endroit qui m'est cher, à quelques pas de chez moi. C'est un square tranquille qui ne paye pas de mine, celui où je jouais quand j'étais petit. Mes parents m'y emmenaient des après-midi entiers. Nous avons tous des lieux de prédilection, insignifiants aux yeux des autres, mais dans lesquels nous nous sentons bien et que nous aimons retrouver, dans les périodes de détresse ou même d'exaltation. Ce square, j'ai toujours aimé y aller pour méditer et pour panser mes plaies.

Je me suis assis près du tilleul, sur le banc de bois où étaient toujours inscrites mes initiales, gravées quand j'avais dix ans. Devant moi, le bac à sable où je jouais enfant, le toboggan d'où je glissais en hurlant de joie, et cette fichue balançoire qui faisait tellement mal au cul.

La pelouse était parfaitement tondue. Dans l'obscurité, je distinguais à peine les fleurs colorées fraîchement écloses en ce printemps. Des effluves de thym et de lavande embaumaient l'air. Il faisait doux. Une nuit chaude et opaque avait enveloppé la banlieue. Le ciel sans nuages, piqueté d'étoiles, promettait une belle journée pour le lendemain. Schmidt, descendue de mes épaules, s'était assise à côté de moi. Elle aussi contemplait la voûte céleste. Sa présence m'apaisait. Elle était mon animal de compagnie, mon amie et même, en quelque sorte, mon associée.

La pleine lune a éclairé son visage et nos regards se sont croisés. Elle a approché de moi sa petite tête, et son nez tout doucement a caressé le mien. Puis elle a foncé vers le bac à sable en poussant un cri et s'est agrippée au toboggan en se balançant, comme le singe qu'elle était.

Je suis resté un moment à la regarder jouer. La lune éclairait ce minuscule square qui avait vu grandir Alfredo Scali.

Après une dernière balade le long du canal, nous sommes rentrés à la maison.

J'ai donné des fruits à Schmidt et mangé un bout du cake au citron de ma mère, puis je me suis couché. Schmidt somnolait déjà dans son hamac, mais moi, je ne parvenais pas à trouver le sommeil.

Après une nuit blanche, je me suis assoupi alors que le soleil se levait sur Pantin.

Quand la sonnerie de l'interphone a retenti, il était 13 heures et Schmidt n'était plus là. En me réveillant, la tête lourde, j'ai aperçu, au-dessus de son hamac, la fenêtre entrouverte. Elle avait dû aller chez Sahani de sa propre initiative, peut-être pour ne pas me déranger.

J'ai décroché l'interphone.

— Oui ?

— C'est Serge, je passais dans le coin.

— Laisse-moi deux minutes, je descends.

Je me suis aspergé le visage d'eau froide, j'ai enfilé un jean, opté pour une touche d'eau de toilette d'une fragrance estivale, puis je l'ai rejoint.

En nous dirigeant vers les quais de l'Ourcq pour y prendre un café, nous avons flâné au milieu des gens qui profitaient du soleil avec leurs enfants. Je lui ai raconté, pour Céleste ; il était désolé. Il a tenté de me réconforter avec les formules banales qu'on n'a aucun plaisir à s'entendre dire et qui ne servent à rien, sauf à faire un peu d'effet à ceux qui les prononcent.

On a bu un café, puis un soda. Serge m'avait apporté des toiles qu'il avait peintes en Crète, où il était parti quelques jours. J'ai observé ces paysages avec intérêt. C'était vraiment réussi. Certaines toiles représentaient des plages de sable fin, avec une mer turquoise, des falaises ocre et des criques au loin. D'autres figuraient le port d'Heraklion, aux couleurs méditerranéennes éclatantes.

— J'ai baisé comme un malade là-bas ! m'a lancé Serge, pétard au bec.

J'ai siroté mon Coca sans réagir.

— Alfredo, ça te ferait du bien de baiser. Sinon, avec ton chagrin d'amour, tu vas morfler. Tu es trop sentimental. Va profiter de nouveaux petits culs, l'artiste.

Il m'a parlé de son séjour, de son envie de retourner en Crète au plus vite, et m'a dit que je pouvais l'accompagner. « Prendre des vacances, Alfredo Scali ? Oublie un peu ta peine. Va farnienter sur des plages et mater de la poulette ferme et dorée ! Et tu peindras avec ton copain Serge, aussi. C'est la classe, ça ! »

— J'ai apporté les raquettes. On se fait un ping-pong ? m'a proposé Serge.

La mairie avait offert une table de ping-pong en béton à la cité où je vivais. Les gamins y jouaient souvent, quand ils ne s'en servaient pas comme banc ou comme lieu d'expression graphique.

Le soleil tapait fort et Serge s'est démené avec opiniâtreté. Nous étions en nage. Coriaces, nous nous sommes battus point par point, criant quand nous faisions des fautes. Je jouais avec rage. Cette douleur en moi, il fallait que je l'exprime. Je transpirais mais je n'ai rien lâché. Nous avons joué serré tout l'après-midi et c'est lui qui a gagné, cinq parties à quatre. Mais ça m'a fait du bien.

Nous nous sommes rafraîchis à l'eau de la fontaine, puis nous nous sommes allongés dans l'herbe, épuisés. En face s'élevaient les tours HLM massives et érodées. Des cages à bestiaux humains.

— On aurait dû faire des études, a fait remarquer Serge.

— Y a des bacs + 5 au chômage, ai-je répliqué.

— Ce n'est pas un argument, ça, Scali. On a voulu être différents, toi et moi, doux rêveurs et passionnés que nous sommes…

Il n'avait sans doute pas tort. Comme beaucoup de chômeurs ou d'artistes, on essaye de trouver une raison à ses échecs.

— Tu vas repartir en Crète, alors ?

— Je bosse pour ça. Partir au soleil, voir du pays. Tu devrais voyager, toi aussi.

J'ai observé autour de moi les bâtiments délabrés, les interphones cassés, les trous béants dans le bitume défoncé du parking et les graffitis qui s'étaient accumulés au fil du temps sur les façades des immeubles.

Nous sommes restés un moment à regarder le soleil se cacher derrière les nuages orange. Puis Serge m'a invité à manger des crêpes. Je préférais rentrer prendre une douche et me poser devant la télé. Alors il est reparti.

Arrivé chez moi, j'ai appelé Casimir pour lui annoncer la mauvaise nouvelle.

— Faut absolument que ton singe peigne maintenant ! On va se trouver des nanas. Ce soir, on sort dragouiller, chercher de la femelle ! a-t-il décrété.

Je lui ai souhaité une bonne nuit.

Déguisée en contrôleur SNCF, Schmidt a débarqué par la fenêtre à la fin de sa journée chez Sahani. Nous avons dîné, comme un vieux couple, dans un silence absolu. J'ai fait un peu de rangement dans l'appartement et elle s'est mise au lit, enveloppée dans sa couverture rose. Ensuite, j'ai regardé un documentaire sur la Guerre froide.

Prostré devant la télé, j'ai repensé à mon histoire avec Céleste. J'avais peut-être fait l'erreur de ne lui parler que de moi-même, mais là n'était pas le problème. Au fond, cette histoire n'avait été qu'une escapade, une parenthèse fugace. « C'est bien ça, Alfredo. Tu n'as été pour cette belle Italienne qu'une attraction touristique, une récréation festive. Un artiste peintre parisien ou presque, original peut-être, pas trop mal non plus, et… partageant son quotidien avec un singe qui se déguise puis… qui peint, aussi… Combien y en a-t-il des comme ça, hein ? Et voilà, c'est reparti ! Tu penses être unique ? Pfff. Tu devrais avoir honte. Tes parents t'ont transmis de nobles valeurs, et toi, tu n'en es pas digne, tu laisses ta vie et ton œuvre t'échapper. Tu n'as que ce que tu mérites. Tu n'es qu'un imposteur dans le vaste monde. Rien de plus. Allez, ça suffit, Alfredo, dors. Au moins, tes rêves te libéreront, et demain sera un nouveau jour. »

Je me suis endormi agité, bercé par le ronflement irrégulier de Schmidt, et j'ai fait un rêve étrange : je faisais de la luge avec Leonid Brejnev, qui venait de démolir mon bonhomme de neige.

22

Ce fut exactement le même rituel : Schmidt a bondi sur le tabouret, devant le chevalet sur lequel une toile en lin blanc était posée. Elle a attrapé un pinceau d'une main puis, de l'autre, la palette de couleurs. Et elle s'est mise à peindre pendant que je faisais l'amour avec Thelma, une fille que j'avais rencontrée la veille, lors d'une soirée bien arrosée chez un copain de Casimir.

Quand j'ai aperçu Thelma, elle fumait une cigarette sur la terrasse, devant un verre de rosé. Son décolleté plongeant était une invite à tous les regards. « Alfredo Scali, me suis-je dit, Céleste ne reviendra jamais. Le monde est rempli de plaisirs. Et cette fille-là a le nibard fascinant. » Au cours de notre discussion, je lui ai raconté que je vivais avec un singe. Le langage, dit-on, fait l'élégance de l'être. Elle avait un langage bien à elle.

— Non ! Mais trop fort ! J'halluuuuciiiiine, un singe chez toi ! Mais grave, comment je veux le voir !

Tandis que je quittais les lieux avec elle, Casimir, qui mangeait un toast au saumon, m'a fait un clin d'œil : « Amuse-toi bien, pine de poulpe. »

En voyant Schmidt à la maison, Thelma s'est écriée :

— J'halluuuuciiine ! Mais il est trop canon, ton singe !

Schmidt l'a dévisagée, un peu contrariée. La fille ne lui plaisait pas, je l'ai vu tout de suite. Quand, sur le lit, après un huitième verre de vin, Thelma et moi avons échangé quelques baisers et que le capucin s'est mis à peindre, elle s'est exclamée pour la troisième fois :

— Eh ! Ton singe peint aussi ! Non mais trop fort ! J'halluuuuuciiiiine !

Je lui ai murmuré qu'il ne fallait pas en tenir compte et nous avons poursuivi nos échanges passionnés pendant que Schmidt œuvrait.

Après notre étreinte, au beau milieu de cette nuit suave, tandis que, depuis le lit, je la regardais fumer une clope à la fenêtre, Thelma a pris conscience de l'heure :

— Eh ! Mais faut que j'y aille ! Je dois sortir mes chiens, moi !

Elle avait deux chiens, des chihuahuas. Il paraît que l'on choisit le chien qui nous ressemble, et je n'imaginais pas cette fille avec un lévrier irlandais. Elle s'est rhabillée en vitesse, a voulu dire au revoir à Schmidt qui se tenait toujours debout devant le chevalet, absorbée par la toile qu'elle peignait. Mon singe avait l'air d'éprouver pour Thelma un profond mépris ; en tout cas, il l'a ignorée avec superbe.

— Trop chelou, ton singe ! Bon, ben, à plus !

Quand Thelma a claqué la porte, Schmidt est aussitôt venue déposer son tableau devant moi. Nu, je me suis levé pour l'examiner. C'était une explosion de couleurs, qui ne pouvait laisser insensible. Il s'en dégageait une émotion forte. Pourtant le dessin ne représentait rien de cohérent, avec ses taches de couleurs flamboyantes jetées compulsivement. J'avais le sentiment de me trouver devant une évocation éblouissante, mais je n'aurais su dire de quoi. Peut-être une tarte aux fruits tournant comme la Terre autour du Soleil ? Ou un ensemble de sacs plastiques multicolores suspendus à un arbre effeuillé en plein hiver, tel un sapin déguisé pour Noël ? À bien y regarder, la toile de Schmidt me faisait songer à un récif de corail polychrome surgissant impétueusement depuis l'océan déchaîné. Quoi qu'il en soit, c'était le fruit d'un travail maîtrisé, dans un style aussi abstrait qu'abouti.

Après une bonne nuit de sommeil, j'ai envoyé un message à Casimir pour lui proposer qu'on se voie. On s'est retrouvés dans une brasserie branchée de la rue d'Alésia, dans le 14e arrondissement. Il a commandé une bière et moi un Coca.

— C'est évident. Schmidt peint parce qu'elle est jalouse, a-t-il déclaré.

— Je le pense aussi. À moins que nos ébats l'inspirent.

— Écoute, il va falloir qu'il peigne un max maintenant, ce singe. Parce que c'est la chance de ta vie. Et si tu dois baiser des nanas pour ça, eh bien… inscris-toi sur un site de rencontres, tu vas en trouver plein ! Et des toiles aussi, par la même occasion, a conclu Casimir en terminant sa bière.

Sur ce, on s'est quittés. Il avait un rendez-vous avec un assuré à Montparnasse pour un dégât des eaux. Et moi qui souffre d'un mal de dos chronique, je devais voir Roger Azria, mon podologue, pour des semelles orthopédiques.

Quand je suis arrivé dans son cabinet, rue Manin, dans le 19e, j'étais seul dans la salle d'attente. J'ai pris un magazine et lu un article sur la vie de Fidel Castro : son île privée, son yacht fabuleux, les bonnes bouteilles de vin qu'il faisait venir de France, et les milliards de dollars qu'il possédait. J'ai envoyé un SMS à Casimir : « Tu as déjà été communiste, toi ? – Peut-être lors d'une soirée, s'il y avait du saumon à table », m'a-t-il répondu.

Le docteur est venu me chercher pour m'examiner. Apparemment, j'avais vraiment besoin de semelles orthopédiques à cause de ma scoliose. Roger Azria était le prototype du podologue qui aimait son travail plus que tout. Une véritable vocation. Il prenait son temps et répondait avec patience à mes questions. Et curieux comme je le suis, elles étaient nombreuses. Devant tant de bonne volonté, je me suis aventuré hors de son territoire de compétence.

— Docteur, que pensez-vous des sites de rencontres ?

Tout en pianotant sur son ordinateur, il m'a répondu avec un petit sourire narquois :

— Ça n'arrangera pas votre problème de dos. Mais c'est une bonne idée, si vous êtes célibataire.

En rentrant à la maison, je me suis servi un grand verre d'orgeat glacé et j'ai suivi le conseil de Casimir. Je me suis inscrit sur-le-champ à un site de rencontres.

J'ai rédigé mon annonce sans hésitation :

> *Pseudo* : Expérience artistique.
>
> *Annonce* : Je suis un homme qui aime écouter les autres et mon podologue m'a conseillé de m'inscrire ici. J'ai aussi un singe à la maison et son avis compte beaucoup pour moi…

J'ai téléchargé deux photos de moi, rempli de nombreuses cases pour préciser mon caractère, puis j'ai surfé en regardant quelques profils. J'ai téléphoné à Casimir pour lui demander son avis.

— Elle est nase ton annonce, ma tapineuse au chômedu. Remarque, pour que ton singe peigne, c'est parfait.

J'ai reçu des tas de visites. « T'es pas trop mal, Alfredo, ai-je pensé, tes photos doivent plaire. » En réalité, plus que moi, c'était mon singe qui attirait les filles : toutes me posaient des questions sur Schmidt.

J'ai enchaîné les rencontres.

Après quelques échanges et une conversation téléphonique, la fille débarquait chez moi. Quand elle voyait Schmidt, le déroulement était implacable (sauf, bien sûr, si elle avait peur du singe, dans lequel cas elle décampait) : d'abord, elle s'étonnait devant le capucin, ensuite, je l'emballais, et si ça fonctionnait bien, Schmidt se mettait à peindre.

Durant le mois de mai, je me suis consacré jour et nuit à mes aventures. Parmi elles, il en est une que je ne suis pas près d'oublier. Jade était une fille au physique moyen, et totalement perchée. Elle était branchée « cheminée cosmo-tellurique ». Elle se présentait comme énergéticienne et ressentait l'énergie n'importe où, les mains tendues en avant et les yeux fermés. J'ai appris avec elle des mots comme « corps éthérique », « bio-champs », « vortex », « polarité négative », « entité positive », « syntonisation », « croisement de réseaux » …

Quand elle a goûté mes pâtes aux cèpes, elle a déclaré qu'elles étaient pleines d'énergie thermodynamique. Elle a placé ses paumes devant mon visage et décrété que mon taux vibratoire était beaucoup trop bas en unité bovis. Ensuite elle a fait quelques pas dans le studio, les mains en avant, sous le regard curieux de Schmidt qui l'observait depuis son hamac, santiags aux pattes.

— Je vois des choses dans ton appartement.

— Tu vois quoi ?

— Je vois des volumes cosmologiques et éthériques. Tu as un problème avec les nœuds Hartmann.

— C'est tout à fait probable…

Elle s'est rassise, a terminé ses pâtes et je lui ai servi la panna cotta que j'avais préparée pour le dessert. Elle a placé les doigts autour de la coupe que je lui tendais, les yeux clos, concentrée.

— Ta panna cotta est particulièrement magnétique, m'a-t-elle dit avant de la goûter.

Une fois au lit, je l'ai vue apposer ses mains sur moi dans un silence pesant.

— Tu ressens ce que je te fais ? Le champ excitatif ? a-t-elle interrogé.

— Oui, oui, ai-je menti.

— J'aime faire l'amour avec toi, Alfredo.

— Mais… on ne fait pas l'amour là, tu ne me touches même pas !

Elle s'est raidie.

— Tu ne comprends rien à la théosophie ! Je me casse, tu es beaucoup trop rationnel !

Sur ce, elle a pris ses affaires et elle est partie.

Schmidt n'avait pas bougé de son hamac. Elle n'avait rien peint du tout.

Au bout de quelques jours de ce régime, les peintures de Schmidt s'accumulaient. Cependant, il fallait me rendre à l'évidence : j'avais beau tenter d'oublier Céleste à travers ces liaisons de passage, celles-ci n'en demeuraient pas moins intéressées, stratégiques et vénales.

Une nuit, une fille nommée Joanna, une Suisse dont j'avais fait la connaissance sur le site de rencontres, a demandé à voir mes peintures. Je l'ai invitée à la maison et lui ai préparé un bon dîner. Dès le début de la soirée, après lui avoir montré mes tableaux, je lui ai confié que mon singe peignait lui aussi et je lui ai proposé de voir les toiles de Schmidt. Joanna m'a fixé d'un regard incrédule. Pour pousser plus loin l'expérience, je les ai étalées devant elle.

— Eh ! s'est-elle écriée. Mais ton singe a un vrai talent ! Il peint vachement mieux que toi, je trouve !

(Il faut dire que trois jours plus tôt, l'inverse s'était produit avec une autre rencontre éphémère. Après un mojito dans un bar bruyant de la rue Oberkampf, Géraldine avait voulu rencontrer mon singe. Nous avions échangé quelques caresses, et Schmidt avait peint. Géraldine avait alors tenu à jeter un coup d'œil à nos tableaux. « Tu peins incontestablement mieux que ton singe ! » avait-elle déclaré d'un air pénétré. Ce qui m'avait fait plaisir sur le coup, même si je dois avouer que cette fille était une vraie cloche. Elle confondait Edmond Rostand avec un chippendale slovaque dont elle était fan, et soutenait très sérieusement que, selon une enquête d'un magazine de décoration, lire des livres pouvait avoir des conséquences cardio-vasculaires dramatiques.)

— Pourquoi tu ne peindrais pas avec ton singe ? a proposé Joanna. À quatre mains, ce serait top !

C'est la goutte de peinture qui a fait déborder le vase. J'en ai eu marre de tout ça. Ça m'a écœuré. Je me suis crispé, tandis que Joanna riait de sa propre suggestion.

— Il peint aussi avec ses pieds, mon singe, lui ai-je répliqué.

Et je l'ai sommée de déguerpir.

« Une toile en moins, Alfredo Scali », me suis-je dit.

Joanna a enfilé son blouson sans un mot. Sur le pas de la porte, elle m'a dévisagé avec mépris.

— Même ton singe a plus de talent que toi, m'a-t-elle lancé.

Je me suis assis sur le lit, la tête entre les mains. « Alfredo Scali, ai-je pensé, rends-toi à l'évidence, bon sang ! Ton singe est plus doué que toi. Les rêves des animaux, tout le monde s'en tape ! Mais les toiles de ton singe, c'est ça qui plaît ! Voilà la réalité ! » Je me suis levé et me suis regardé dans le miroir. « Qui es-tu Alfredo Scali ? Que veux-tu au juste ? Veux-tu être un peintre reconnu pour son œuvre ou un imposteur prêt à tout pour faire fortune ? » J'ai baissé les yeux, troublé par cet accident de conscience : deux voies se présentaient à moi, l'une droite et l'autre tordue. Je ne savais laquelle prendre.

Schmidt dormait dans son hamac, éclairée par la lumière orangée de la lampe, et en l'observant, je me posais mille questions. Peignait-elle dans un état de stress, de même qu'il m'arrivait de peindre dans une situation d'urgence ? Était-elle inquiète pour moi ? Contrariée lorsqu'elle me voyait au lit avec une fille ? Manifestait-elle, en utilisant les artefacts humains, en se déguisant, en peignant, en allant travailler, son désir d'être elle-même humaine ? Cherchait-elle à m'aider ? Voulait-elle me voir heureux, affranchi de ce quotidien en stagnation ? Quels étaient ses rêves à elle ? Rêvait-elle comme un singe, reproduisant des scenarii propres à son espèce, ou transcendait-elle son instinct, comme elle le faisait éveillée en s'appropriant mes pinceaux ? Comprenait-elle que je travaillais sur l'inconscient des animaux ? Avait-elle l'ambition de m'indiquer un signe, un chemin ? À quoi aspirait-elle ? À ce que je devienne un immense peintre ? « Et voilà ! Encore une fois, faut que tu ramènes tout à toi, Alfredo ! Schmidt a sans doute des envies personnelles ! Toi, en revanche, tu peins les rêves des animaux parce que ton père a toujours voulu communiquer avec eux, fasciné par le mystère de leur silence. Faire vivre l'inconscient des animaux, à défaut de comprendre leur conscient ! Quelle originalité ! Alfredo Scali, ce génie ! Un peintre subtil, atypique, l'égal de Van Gogh mais avec la nuance psychanalytique en plus ! Redescends, Alfredo, redescends. Pour l'instant, le rêve du canari capricieux, ça n'intéresse personne. »

J'ai pris un somnifère, ouvert la fenêtre pour écouter le soupir de la ville, et attendu que le sommeil vienne.

Ce fut un sommeil de plomb.

Le lendemain matin, Casimir a sonné à ma porte et m'a réveillé en sursaut. J'avais oublié qu'il devait venir pour m'aider à monter une armoire en kit. Toute contente de le voir, Schmidt sautillait partout en battant des mains. Casimir lui avait apporté un baba au rhum auquel elle n'a laissé aucune chance.

Tout à coup, en pleine séance de bricolage, mes yeux se sont arrêtés sur les toiles de Schmidt, qui s'entassaient contre le mur.

— Je deviens une pute, en fait.

Casimir a posé son marteau, s'est essuyé le front et redressé.

— Bah…

— Si !

Il a considéré les peintures en question.

— Écoute, tu oublies un peu Céleste de cette façon. Et puis… tu as des toiles que tu vas enfin pouvoir vendre. Dans toutes ces rencontres, tu n'as pas fait la connaissance d'une fille qui te plaisait ?

J'ai réfléchi un moment, compté les toiles de Schmidt. Il y en avait sept. Sept toiles ! Sept aventures durant tout le mois de mai ! Il était temps que cela prenne fin. Je n'en pouvais plus de ces relations furtives. Ça ne me ressemblait pas. Et puis la suggestion de cette gourde de Joanna m'avait accablé. Peindre avec mon singe…

Quand Casimir est parti, je me suis désinscrit du site de rencontres. J'avais besoin d'être seul, pour méditer sur mon avenir. Il fallait que je prenne des décisions.

Je suis resté enfermé toute la journée dans mon appartement, à cogiter, sous le regard de Schmidt qui semblait chagrinée pour moi ; elle déposait sur la table des parts de gâteau de ma mère, puis tapait des mains comme pour attirer mon attention, avant d'enlacer ma jambe. Alors je la prenais dans mes bras et elle restait collée contre ma poitrine.

Casimir m'a rappelé plus tard pour me convaincre de faire un tennis avec lui le lendemain. Transpirer nous ferait le plus grand bien.

Nous nous sommes rejoints à Vincennes, sur un court où nous jouons parfois. Nous avons échangé quelques balles mais la chaleur nous rendait amorphes. À un moment, Casimir s'est avancé pour prendre sa bouteille d'eau sous la chaise de l'arbitre et l'a bue d'une traite, puis nous avons aspergé d'eau nos crânes brûlants.

— Tu sais, moi non plus je ne suis pas bien en ce moment. J'ai besoin de tes conseils, m'a-t-il avoué.

Je le sentais tracassé.

— Hatsuyo m'a dégagé. Si je rappelais Mei ?

— Oh, noooon ! Jamais de la vie ! me suis-je exclamé. Pas ça ! Ne fais pas le con.

Casimir s'est gratté la tête avec sa raquette, puis s'est positionné derrière la ligne pour servir. Il a sorti une balle de sa poche et l'a fait rebondir par trois fois. Le soleil cognait. Il a servi puissamment et m'a mis un ace. J'en ai fait autant. Nous avons ensuite frappé fort, pour évacuer notre stress.

Enfin, au bord de l'épuisement, j'ai proposé à Casimir :

— On fait un match ou on va manger du saumon ?

— On fait un match, a-t-il répondu sans hésitation.

« La vache, ai-je pensé en ramassant les balles, il doit vraiment être mal. »

23

Ce matin-là, en me levant, j'ai décidé d'aller rendre visite à mon père au zoo, en compagnie de Schmidt. Je l'ai prise avec moi et nous sommes partis dans la voiture de ma mère. Elle était attachée sur le siège arrière et je la voyais dans le rétroviseur, sagement assise. Elle regardait par la vitre tout en grignotant un beignet à la pistache. Sur la route, la musique de Léo Ferré l'a bercée et elle s'est endormie.

Une fois au zoo, je suis allé avec mon père distribuer des calamars et des harengs aux manchots, juste avant de rendre visite à Badjo, le tigre.

— Viens, mon Badjo, lui a dit mon père en déposant avec prudence dans son enclos de gros quartiers de viande crue. Tu vas te régaler, mon gros matou susceptible.

J'ai noté l'intérêt avec lequel il observait l'animal qui mangeait. Attentif aux moindres détails et le regard plein de tendresse.

Nous avons récupéré Schmidt, qui nous attendait dans la voiture. Quand elle a vu mon père, elle lui a sauté au cou. Il a sorti de sa poche des cacahuètes et des fruits secs qu'il lui a mis dans la bouche.

— Il est gourmand, le singe à son papa ! s'est-il exclamé en caressant la petite tête du capucin.

Nous nous sommes promenés dans le zoo, Schmidt sur mes épaules. Nous observions les biches, les tapirs et les éléphants.

— Allons dans le bâtiment des primates avec Schmidt pour voir sa réaction, a alors suggéré mon père.

Christelle, une jeune collègue à lui, était en train de nettoyer le grand enclos vitré des trois capucins. Perché sur une branche d'acacia, l'un d'eux, au pelage noir et gris, attendait que la soigneuse déblaye les feuilles et dépose des fruits secs par-ci, par-là. Nous trois, humains, avons été surpris de voir la vitesse à laquelle Schmidt a quitté mes épaules pour se précipiter à l'intérieur et rejoindre les autres singes.

Elle a fait une entrée triomphale, puis a bondi sur la branche d'acacia et s'est installée à côté du capucin mâle. Alors, ce qui devait arriver arriva : Schmidt est tombée amoureuse. Les voies de la vie sont impénétrables.

— Baba Sanga ! a fait Christelle, sans perdre une miette de la scène.

Les deux singes se sont fixés un moment. Baba Sanga a fait un bisou à Schmidt, qui nous a regardés, mon père et moi, dévoilant toutes ses dents dans un large sourire.

— Un coup de foudre de singe ! s'est exclamé mon père.

— On fait quoi, monsieur Scali ? a demandé Christelle, tout en regardant Schmidt faire des câlins à Baba Sanga.

Absorbé dans ses pensées, mon père s'est frotté le menton.

— On sort, on va faire un tour et on revient voir si c'est de l'amour ou juste une aventure.

Nous avons passé la journée à nous occuper des koalas, des reptiles et des flamants roses, tout en faisant régulièrement des pauses pour revenir dans le bâtiment des primates.

Je n'étais pas tranquille. Au fond de moi, je gardais l'espoir de retrouver Schmidt. Pourtant, je voyais bien qu'elle n'était plus tout à fait la même depuis qu'elle était entrée dans cet enclos. Elle et son nouvel amoureux ne se lâchaient plus. Ils jouaient ensemble, sautillaient partout, poussaient des cris stridents, se poursuivaient et se faisaient de longs baisers de singe.

À un moment, mon père et moi nous sommes approchés de la paroi en verre. Tout autour de nous se pressaient les badauds. J'ai plaqué mon visage contre la vitre, Schmidt s'est avancée et nous a fixés. Elle paraissait épanouie, dans son élément. Je n'avais encore jamais remarqué cet air-là chez elle. Elle a collé son nez sur la paroi devant moi, comme pour me dire au revoir. Je suis resté un moment ainsi, face à elle, le nez aplati sur la vitre. Mon père était tout aussi ému que moi. Puis Schmidt a reculé et nous a souri en tapant des mains, comme elle fait quand elle est contente.

Elle était vraiment tombée amoureuse.

Baba Sanga, à son tour, s'est avancé et il a pris délicatement Schmidt par le cou, en lui faisant une petite caresse. Ensuite, tous deux ont bondi sur les branches d'acacia pour se balancer.

— Laissons-la. Si elle ne désire pas revenir vers nous, c'est qu'elle est heureuse ainsi, a conclu mon père.

J'ai reculé et je me suis éloigné, le cœur serré. Mon aventure avec Schmidt s'arrêtait là, nul n'y pouvait rien. La nature avait repris ses droits, et il fallait le respecter.

J'étais assis sur un banc, la larme à l'œil, quand mon père m'a rejoint. Nous n'avons pas échangé un mot. Il a seulement posé la main sur mon épaule et, au bout d'un long moment, il a dit :

— Chacun, un jour, doit prendre son envol.

Puis il s'est levé. Je l'ai suivi machinalement et nous avons marché, face au vent qui soufflait, le long de l'allée aux volatiles.

« Et toi, Alfredo Scali, l'as-tu pris, ton envol ? »

24

Dans la voiture, la radio diffusait du John Coltrane. Il faisait presque nuit. Nous rentrions du zoo et mon père conduisait. Durant tout le trajet, j'étais resté mutique. J'étais envahi par le chagrin. Qu'allais-je devenir sans Schmidt ? Elle était mon gagne-pain, mon SMIC, ma source d'indépendance ; sans elle, je risquais de revenir à la case départ : celle de la galère.

La voix rassurante de mon père a brisé le silence :

— Fils, allez. Ne te fais pas de mouron. Schmidt va te manquer, mais il ne pouvait rien lui arriver de mieux. La vie est ce qu'elle est, il faut lui faire confiance. Pense aux choses réjouissantes ! Tu as tant de rêves d'animaux à explorer et à peindre. Concentre-toi sur ta carrière : grâce à ton talent, tu es en train de percer, ton avenir est assuré à présent…

À ces mots, l'angoisse m'a saisi. J'ai tenté de masquer mon trouble. En mal d'échappatoire, j'ai pensé à Daisy.

— Dépose-moi chez mamie. Il faut que je lui annonce, pour Schmidt.

Il m'a laissé au pied des tours HLM de la rue de Cambrai, et m'a attendu en bas. J'ai pris l'ascenseur jusqu'au quatorzième étage, au milieu des graffitis racistes et homophobes. Dans le couloir menant à l'appartement de Daisy flottait une odeur de bouillon de poulet, qui m'évoquait mon enfance.

J'ai sonné. Elle m'a ouvert la porte, dans sa chemise de nuit bleu ciel à fleurs.

— Alfredo ! Je pensais justement à toi en jouant à la marelle, s'est-elle joyeusement écriée.

— J'ai pas beaucoup de temps, mamie. Mon père m'attend en bas. Il te passe le bonjour.

— Pour quoi faire ?

— Bah…

Elle a traversé le salon et s'est assise sur son rocking-chair.

— Tu veux un beignet ?

— Non merci, mamie.

— Tu veux en prendre un pour ton père ?

Avant même que j'aie le temps de répondre, elle a rétorqué :

— Tout compte fait, non. Je n'en ai pas envie.

— Pas envie de quoi, mamie ?

— Que tu prennes un beignet pour ton père.

Je me suis assis à la table de la salle à manger. Sur le balcon qui donnait sur l'est de Paris, j'ai aperçu l'ancien hamac de Schmidt, vide et bercé par le vent.

— Mamie, Schmidt est tombée amoureuse.

— Alors, je peux mourir tranquille.

— Mais... euh... son amoureux se trouve...

Elle a cessé de se balancer.

— Il se trouve où ? À Bamako ? Il a une bonne situation ?

— Pourquoi tu me parles de Bamako ?

— J'ai mon idée...

— Non, Schmidt est dans le zoo de papa, et son amoureux est un capucin du nom de Baba Sanga.

— Baba Sanga ?

— Oui. Baba Sanga.

— Baba Sanga. Mais vous ne pouviez pas lui trouver un nom moins stupide ?

J'ai pris un beignet sur la table. Il était excellent, fourré à la confiture de framboise. Daisy a toujours eu un don pour les beignets.

— Mamie, on n'a rien décidé. Elle était au zoo avec moi et elle a vu ce singe, pendant que l'assistante de ton gendre nettoyait l'enclos. Elle a foncé sur le capucin, et voilà. Un vrai coup de foudre !

Ma grand-mère s'est levée de son rocking-chair. Elle a soupiré et j'ai senti une odeur d'alcool.

— Faut que je dorme. Faudrait aussi que j'invente un frigo portatif et que je me prépare pour le marathon de Kingston.

Sur ce, elle a quitté le salon pour aller se coucher.

Décidément, son état empirait. Lui annoncer la nouvelle ne servait pas à grand-chose.

J'ai terminé mon beignet et je suis allé la rejoindre dans la chambre à coucher. Allongée devant la télévision allumée, elle ronflait déjà. Je me suis penché vers elle et je l'ai embrassée. Sa peau était sèche, fripée, et ses cheveux ébouriffés. Le parfum de son eau de Cologne m'a ramené aux doux souvenirs de mon enfance. J'ai fermé les yeux, inspiré à plein nez cette senteur à la bergamote et j'ai revu Daisy, jeune et agile, jouant avec moi dans le parc de Pantin avec le gros camion de pompiers qu'elle m'avait offert. « *Alfredo ! Salti tra le mie braccia*[1] ! »

Me sont revenus les moments magiques où, petit, dans sa cuisine blanche carrelée de rouge, je la voyais tapoter avec ferveur la pâte dans la farine puis la déposer délicatement dans l'huile brûlante de la poêle ; les beignets s'arrondissaient, doraient et prenaient vie ; le fumet de friture imprégnait nos habits pour toute la journée. Cette odeur merveilleuse, je ne l'oublierai jamais.

1. « Saute dans mes bras », en italien.

Le regard plein d'amour de Daisy me disait : « Tu vas te régaler, mon chéri. »

« Alfredo Scali, ta grand-mère n'a plus sa grandeur d'antan. Bientôt, tu iras lui rendre visite dans une maison de retraite… »

À l'idée qu'elle finisse ses jours ainsi, seule et ravagée par la maladie, j'ai eu envie de la serrer très fort dans mes bras. De lui dire que je l'aimais, qu'elle avait été bonne avec moi, que ses beignets étaient les meilleurs du monde. De lui dire aussi que, grâce à elle, Schmidt avait changé ma vie.

— Je t'aime. Je t'aime mamie, me suis-je surpris à murmurer, tandis qu'elle dormait, imperturbable.

J'ai rejoint mon père, qui m'attendait au volant de la voiture.

— Alors ? Toujours aussi cinglée, la mamie ?

— Mais pourquoi elle ne t'a jamais piffré, à ce point ?

— Tu veux savoir la vérité ? a-t-il répliqué en démarrant.

— Bien sûr.

— Ta grand-mère a toujours picolé en cachette. Ton grand-père, paix à son âme, ne le supportait pas. Elle aurait bien voulu que je picole avec elle quand je suis entré dans la famille. Mais je ne suis pas un ivrogne.

— C'est à cause de ça ?

— Depuis Alzheimer, elle fait plus ou moins gaffe avec la boisson, mais la première fois qu'elle m'a vu, elle m'a dit : « Voulez-vous une vodka ? » J'ai répondu : « Non, merci. » « Un whisky, alors ? » « Non plus. » « Du Ricard ? » « Non, non, sans façon. » « Du cognac, peut-être ? J'ai un alcool vietnamien grandiose ! » « Non, vraiment, juste un jus de fruits. » Je l'ai vue se décomposer comme un ours à qui on aurait enlevé son pot de miel. Elle a répliqué, glaciale : « Ma fille avec un buveur de jus de fruits… » Depuis ce jour, je suis l'ennemi.

Mon père a roulé jusqu'à la maison et je suis rentré chez moi.

Quand j'ai poussé la porte de mon studio et que je me suis retrouvé seul dans l'appartement, j'ai ressenti un grand vide. Par terre traînaient les jouets de Schmidt, l'arbre en peluche sur lequel elle grimpait, son hamac et, dans la cuisine, ses beignets à la pistache. Je me suis assis sur le lit et j'ai pleuré comme un gosse.

« Réveille-toi, Alfredo Scali ! Reprends-toi ! Tu te mets dans un état pareil pour un singe ? As-tu perdu la tête toi aussi ? »

Je me suis levé et j'ai ouvert la fenêtre pour respirer l'air printanier. J'ai observé les voitures sur le parking, les carrés d'herbe mal entretenue, les tours en face qui masquaient l'horizon. Et j'ai compris d'où venait ma peine. En l'absence de Schmidt, j'étais renvoyé à ce quotidien qui m'engluait.

Devant cette vue que je connaissais par cœur, j'ai longuement réfléchi à la situation. Avant que je rencontre ce singe, ma vie n'évoluait pas. J'étais coincé là, dans cet appartement, avec mes parents sur le même palier, et rien n'avançait. En arrivant dans mon existence, Schmidt l'avait bouleversée. Je m'étais mis à gagner de l'argent grâce à elle, avec Sahani d'abord. Et puis, surtout, il y avait la peinture : mes toiles ne trouvaient grâce auprès d'aucun professionnel, or Schmidt, grâce à son style si particulier, m'avait ouvert les portes de la reconnaissance artistique. Était-ce un message, ce singe dans ma vie ? Qu'allait-il m'arriver à présent qu'elle en était sortie ?

« Alfredo Scali, es-tu si nombriliste que ça ? Tu ne penses qu'à toi ! »

Toujours penché à la fenêtre, je regardais les gens qui entraient et sortaient des bâtiments anguleux, les chiens sans laisse pissant sur les pneus des voitures au parking. Il y avait des gamins à vélo et d'autres qui jouaient au ballon malgré l'heure tardive. Les larmes coulaient sur mes joues. « Alfredo Scali, la pleureuse ! » Je m'en voulais de me sentir si fragile.

« Schmidt te manque et voilà tout. Elle a pris son envol. Elle est entrée dans ta vie, t'a apporté sa compagnie et bien plus encore, puis elle a franchi le cap. »

En me retournant, j'ai vu contre le mur les sept toiles qu'elle avait peintes pendant cette période de polygamie effrénée qui avait été la mienne. J'ai observé de plus près la dernière en date. Toujours dans ce style chaotique de compulsion colorée propre à Schmidt, elle semblait évoquer une réalité plus précise : deux rives séparées par un fleuve au-dessus duquel un objet non identifié, comme une traînée de poussière d'étoiles, paraissait vouloir atteindre l'autre bord.

« Alfredo Scali, fais quelque chose, là, tout de suite, n'importe quoi ! Mais sors de ta léthargie de gosse de banlieue ! »

J'ai pris mon téléphone et appelé Charles Vignon.

— Allô, Charles ? C'est Alfredo Scali.

— Ah, Scali !

— J'ai des toiles qui vont vous plaire. Je vais passer à la galerie vous les déposer.

— Ça ne peut pas attendre demain ?

— Si. Non. J'ai envie de vous les apporter maintenant.

C'était culotté, mais il fallait que je le fasse sans tarder.

Il s'est incliné. J'ai pris les toiles, les ai soigneusement enveloppées dans du papier bulle, rangées dans le coffre de la voiture et j'ai foncé sur le périph en écoutant de la musique à fond, Hot Chip précisément.

Quand Charles Vignon m'a vu sortir les toiles du coffre, il m'a tenu la porte de sa galerie.

— Entre, Scali, entre. Tu veux boire quelque chose ?

J'ai répondu que je ne voulais rien. J'ai déballé les tableaux et je les ai posés sur le bureau. Charles Vignon a chaussé ses lunettes pour examiner un à un les trésors du singe, dans un silence de cathédrale. La galerie était faiblement éclairée et je n'ai remarqué aucune œuvre nouvelle depuis ma dernière visite. Son visage un peu crispé s'est détendu.

— Scali… C'est grandiose.

Bizarrement, sa réaction ne m'a pas surpris. Je me doutais bien que les peintures de Schmidt feraient leur effet. « Mon singe, ce génie ! » ai-je pensé. J'aurais dû être joyeux. Je suis resté impassible. C'était l'œuvre de mon singe, pas la mienne.

— Il faut que tu signes tes toiles, Alfredo.

— Je le ferai.

Charles m'a pressé l'épaule avec enthousiasme.

— Ce que tu m'as apporté là, c'est du grand, du très grand ! Je suis dans le métier depuis trente-deux ans et j'ai rarement vu un talent pareil. On va préparer une expo, m'a-t-il expliqué. Dès ce soir, j'appelle une amie journaliste. On va commencer la com'. Elle va rédiger un papier sur toi.

J'aurais dû le remercier, l'embrasser, hurler ma joie, mais rien ne s'est produit. J'avais juste envie de rentrer chez moi pour me faire un gratin dauphinois.

— Entendu, monsieur Vignon, me suis-je contenté de dire.

Il s'est absenté quelques minutes pendant lesquelles je me suis promené dans la galerie. Je me suis arrêté devant un tableau représentant la ville de Berlin en Lego vernis.

Vignon a fait sauter le bouchon d'une bouteille de champagne et j'ai sursauté. Quand je me suis retourné, il m'a tendu une coupe pour trinquer.

— À notre collaboration !

Je l'ai prise et l'ai vidée cul sec. Vignon a sorti de sa poche un chèque qu'il m'a donné.

— Je crois en toi. Je mise sur toi. Je veux qu'on aille loin ensemble.

En découvrant le montant, j'ai sursauté : une avance de sept mille euros ! Je n'ai pas su comment réagir. Charles Vignon a voulu me resservir à boire et je n'ai pas dit non. Il était enthousiaste et, à intervalle régulier, retournait à la contemplation des toiles qu'il jugeait « fantastiques », « bouleversantes ». Alors qu'il s'attardait sur un tableau en particulier, j'ai failli avoir un malaise. À travers la vitrine, je l'ai reconnue. Et elle m'a reconnu aussi, malgré la pénombre. Un cauchemar s'annonçait. Joanna, la fille que j'avais foutue à la porte et qui me conseillait de peindre à quatre mains avec Schmidt, me fixait. Elle m'a fait un grand sourire que j'ai ignoré en détournant le regard vers une sculpture de la statue de la Liberté en papier journal vietnamien. Mais lorsqu'elle a eu le culot d'entrer dans la galerie, je n'ai plus pu faire semblant de ne pas la voir :

— Eh ! Alfredo, tu bosses dans le quartier ?

J'avais du mal à reprendre ma respiration.

— Euh… ça va bien ?

Sans trop comprendre, Vignon a levé les yeux d'un air circonspect, et l'idiote a insisté en s'approchant du bureau où les tableaux de Schmidt étaient posés. La tension était palpable. « Scoop ! La carrière d'Alfredo Scali vient de prendre fin ! L'immense peintre s'est fait démasquer ! » Joanna a désigné une toile en murmurant, comme si elle se parlait à elle-même :

— Il a vraiment du talent ton compagnon...

J'ai pensé que j'allais mourir ici, entre un galeriste qui allait découvrir le pot aux roses et perdre tout enthousiasme, une cruche maladroite rencontrée pour une aventure vouée à l'échec, et les toiles de Schmidt que le monde entier verrait bientôt. C'est alors que Vignon est intervenu :

— Nous sommes fermés, comment puis-je vous aider, mademoiselle ?

— Je connais Alfredo, voilà tout.

Joanna m'a fait une grimace, qui pouvait tout à fait se traduire par quelque chose du genre : « Bel arnaqueur, p'tit gars ! » Et puis elle a déguerpi aussi vite qu'elle était entrée, en piaulant : « Salut l'artiste en banane ! »

Ma tête oscillait comme celle d'un derviche tourneur, je ne tenais plus en place. Quand je me suis vu dans le miroir, mon visage était écarlate, comme celui d'un bandit pris la main dans le pot de peinture.

— C'est quoi cette histoire de compagnon, Alfredo ? m'a interrogé Vignon avec curiosité.

— Oh ! Rien du tout ! En fait c'est moi, qu'elle appelle son compagnon. Cette fille, comment dire, j'ai eu une aventure avec elle il y a un bail... Mais elle refuse d'admettre qu'on est séparés. Elle est du genre dingo, quoi...

Vignon m'a fixé pendant un moment qui m'a paru durer une éternité, ses sourcils ont fait un bond, puis il a eu un sourire moqueur. Il m'a resservi du champagne en me confiant :

— Ma quatrième épouse était timbrée elle aussi ! Elle me parlait sans arrêt d'élégance, d'élégance, d'élégance... et quand elle m'a quitté, elle m'a craché dessus !

J'ai souri bêtement en approuvant de la tête. Je me sentais mal à l'aise. Quelle poisse ! Je l'avais échappé belle. Mais si ce genre de situation se reproduisait ? Et si Joanna revenait voir Vignon pour tout lui révéler ? Qu'est-ce que j'allais pouvoir encore inventer pour sauver la face ? Je ne pouvais m'en vouloir qu'à moi-même. J'ai écouté sans vraiment l'entendre Vignon me raconter des potins mondains, et au bout de trois coupes de champagne, j'ai pris congé de lui.

J'ai repris la voiture et traversé Paris, un peu éméché. La radio diffusait un concert de Bobby Rush.

Une fois chez moi, j'ai sorti la noix de muscade, la crème, les pommes de terre, que j'ai épluchées, tranchées, et je me suis préparé un gratin dauphinois. Assis par terre, je regardais le four pendant que le plat cuisait. J'étais pompette, n'ayant pas pour habitude de boire, et je me disais : « Finalement, je me suis laissé embarquer dans une drôle d'histoire avec Schmidt. Je pourrais lui en vouloir ! Tous ces cas de conscience, ces embrouilles en cascades, ces mensonges éhontés, ce secret avec lequel je vais devoir vivre – et puis cette carrière débutante de peintre en carton ! » L'alcool me montait à la tête. Je ressassais en boucle. « Schmidt… Schmidt, tu me manques. Schmidt… »

J'ai dégusté mon gratin tout seul, devant un programme de télé-réalité absurde. Une fille blond platine au regard de cocker fixait la caméra en déclarant : « Non mais trop pas ! Dylan, comment il a maté le boule de la meuf ! » Ça m'a fait penser au livre d'un théoricien des médias, Neil Postman : *Se distraire à en mourir.* Puis j'ai débarrassé, lavé la vaisselle et fait un peu de ménage, comme un vieux garçon. Je me suis mis au lit en m'enveloppant dans la couverture rose de Schmidt, qui sentait son odeur. J'ai feuilleté une biographie de Salvador Dali qui traînait là, et je me suis endormi en rêvant que je faisais du toboggan sur ses moustaches bancales.

25

Les jours ont passé et j'ai pris du bon temps.

J'ai gâté mes parents, leur offrant des cadeaux et des dîners au restaurant. J'ai invité ma mère à un stage d'une journée dans un magnifique hôtel avec un chef pâtissier pour qu'elle se perfectionne. Ensemble, nous avons fait des gâteaux, découvert des techniques pointues de confection de biscuits, et nous sommes repartis, heureux de cette journée sucrée, avec un opéra et un gros macaron aux fraises. J'ai aussi acheté à Casimir, qui est fan de comics, une bible sur les super-héros. Je me suis offert un nettoyage de peau en institut et différents massages relaxants chez les Thaïlandais du 13e, ainsi qu'un magnifique costume, divers vêtements et quelques bons gueuletons. Désormais, quand j'allais au restaurant, je n'avais plus à regarder les prix sur la carte, je pouvais même commander un dessert. Quel bonheur de ne plus se priver ! « Fais-toi plaisir, Alfredo, le fondant au chocolat paraît sensationnel ! »

Je restais le moins possible à la maison pour éviter de penser à Schmidt, qui me manquait. La journée, je flânais dans des parcs, prenant le soleil, ou je bouquinais allongé dans l'herbe.

Le temps coulait.

Alors que j'étais assis à l'ombre dans un charmant square de quartier du 14e, en train de lire un livre sur la psychanalyse et la peinture, mon portable a sonné.

— Allô, Scali ? Charles Vignon. Comment ça va ?

— Bien, bien, et vous ?

— Alors voilà, j'ai organisé une expo pour tes toiles, on va exposer les sept tableaux. Une journaliste va aussi t'appeler pour une interview. J'ai invité des tas de gens de la profession au vernissage. Il y aura toutes sortes de clients à moi, des Japonais, des Coréens, des Russes, sans oublier le Tout-Paris !

J'ai posé mon livre, avalé une gorgée d'eau fraîche. Sept tableaux, ça m'a paru un peu court pour une exposition. Alors j'ai risqué le tout pour le tout.

— Merci, monsieur Vignon. Mais dites-moi, vous vous souvenez des premières toiles que je vous avais montrées, dans un style assez différent ?

— Oui, oui, l'inconscient des radis.

— Non. L'inconscient des animaux.

— Oui, bien sûr.

— Eh bien, nous pourrions les exposer, ai-je proposé.

— Alfredo, non. Ce style-là n'est pas terrible. Ça ne plaira pas, je connais mes clients. Non. Les sept merveilles que tu m'as apportées feront l'affaire !

J'ai levé la tête vers le ciel. Dans l'interstice des feuilles de marronnier, il était bleu azur. Quelques rayons de soleil filtraient. Il faisait chaud et je sentais les fourmis escalader les poils de mes jambes. J'ai inspiré un grand coup et lui ai dit franco :

— Monsieur Vignon, je fais cette expo si j'expose toutes mes toiles.

Il y a eu un long silence. Sans doute Vignon ne s'y attendait-il pas. Même si mes peintures ne plaisaient pas, je voulais profiter de l'occasion pour les exposer. Qui sait, peut-être susciteraient-elles quelques émotions positives ?

— Bon. OK, OK. On exposera aussi tes autres toiles. Je te tiens au courant.

Lorsqu'il a raccroché, je me suis soudain senti d'humeur très sombre. Il fallait que je me batte pour que Vignon expose mes tableaux, que j'insiste lourdement. Rien n'était naturel. Il n'en avait que pour les toiles de Schmidt.

J'ai glissé mes doigts dans ma chevelure en serrant les mâchoires et en baissant la tête. Je ne savais plus quel chemin prendre, j'avançais comme un voleur d'identité, dans le noir le plus profond.

De retour dans ma rue, je suis passé voir Sahani. J'avais besoin de piles. Il était assis derrière son comptoir, tirant la tronche près d'un gros ventilateur au bruit assourdissant.

— Toujours amoureux, l'enkilé ? m'a-t-il lancé avec cynisme.

J'ai eu le sentiment qu'il ne croyait pas du tout à mon histoire au sujet de Schmidt. Je le trouvais amer.

— Toujours. J'ai besoin de piles R6, un paquet de quatre.

Il n'a pas bougé, mâchant son chewing-gum comme une vache dubitative.

— Depuis que lui plus là, clients moins viennent ici. C'est pas bon !

— Je suis désolé, Sahani.

— Si c'est pour argent, moi te donne plus. Combien tu veux ?

— Sahani, ce n'est pas une question d'argent. Mon singe n'est plus là. Il est au zoo, je te l'ai dit.

Pas convaincu, le Sri-Lankais a grimacé en maugréant quelques mots, sûrement une insulte dans sa langue natale. Il a attrapé un paquet de piles sur l'étagère et l'a posé sur le comptoir.

— Cinq euros.

J'ai payé. Il a pris mon billet avant de disparaître par une porte dérobée, comme pour me signifier que je pouvais dégager fissa.

Dans ma boîte aux lettres, j'ai trouvé une carte postale représentant une fille en string bronzant sur une plage.

> Salut, l'ami !
>
> Ici, c'est le top ! Je peins, je peins, je peins et je me tape de la touriste !
>
> Et toi ? Ça va ? Ton singe se porte bien ? Tu t'améliores un peu dans tes peintures ?
>
> Ici, les paysages sont aussi beaux que les culs ! Et crois-moi, à part la peinture et les culs, y a pas grand-chose d'important !
>
> Serge

Une fois chez moi, j'ai changé les piles de la télécommande et mon portable a sonné. C'était la sonnerie de *L'Île aux enfants*.

— C'est toi qui viens de m'appeler à la maison ? m'a demandé Casimir.

— Non, pourquoi ?

— Ils m'appellent tous les mercredis soir. J'ai peur. Ils me harcèlent, les fils de pute ! Ils veulent me vendre des fenêtres. Mais ils n'arriveront pas à m'avoir ! Jamais !

Puis il m'a proposé d'aller dîner avec lui dans un restaurant norvégien parce qu'il n'avait plus de saumon dans son frigo. Il faisait une chaleur harassante. J'ai décliné, et il ne m'a même pas insulté.

26

Cela faisait dix bonnes minutes que j'étais assis sur cette confortable banquette, devant une cheminée sublime où crépitait un feu, dans un palace de la rue de la Paix.

Alfredo Scali donnait sa toute première interview. Je portais un costume noir, une chemise noire, une cravate noire et un long pashmina de couleur ocre. J'avais décidé que cette tenue correspondait à mon nouveau look : ce serait mon uniforme d'artiste peintre.

L'hôtel était d'une élégance absolue. Le personnel devait être conditionné pour distribuer des sourires exubérants à tous les clients. À ma droite, une verrière abritait un restaurant très chic. J'ai regardé les prix des consommations sur la carte et j'ai commandé un daïquiri à la fraise.

« Alfredo Scali devra un jour avoir son propre cocktail : le daïquiri Scali – champagne, crème de pistache, rhum, banane. »

Nolwenn Servan, la journaliste qui m'avait contacté la veille de la part de Charles Vignon pour le magazine *L'Universel*, s'est avancée vers moi. C'était une blonde d'environ quarante ans, au visage assez marqué, et drôlement maquillée. Vêtue d'une robe bleu marine et d'un perfecto rouge, elle portait des talons hauts vernis.

— Alfredo Scali ?

— Lui-même, ai-je répondu en me levant pour lui serrer la main.

Elle s'est aussitôt assise sur la banquette, très à l'aise. D'un geste, elle a fait signe au serveur.

— Un muscat, a-t-elle demandé.

Je me suis dit : « Alfredo Scali, tu donnes ta toute première interview. Sois sûr de toi. S'il faut en faire un peu plus que prévu et raconter quelques fadaises pour la légende, eh bien vas-y ! À moins de choisir ce moment pour être enfin honnête ? Parler de Schmidt ? Ah, je ne sais pas… Tu es un homme franc depuis que tu es né, Alfredo. Ne fais pas honte aux Scali, cette admirable famille juive italienne brillant par sa droiture et sa sincérité. Sois digne ! Cette interview, la première d'une longue carrière, restera dans les annales… »

Nolwenn Servan a sorti de son sac à main un dictaphone qu'elle a posé sur la table face à nous, puis les consommations sont arrivées.

J'ai pris mon daïquiri à la fraise et j'ai tendu l'oreille.

Nolwenn Servan, pour *L'Universel* : Expliquez-moi un peu votre parcours, Alfredo.

Alfredo Scali : J'ai commencé par très mal dessiner. À l'école maternelle où j'étais scolarisé, dans la banlieue parisienne, la maîtresse s'est plainte à mon père que je dessinais très mal les triangles. Je devais avoir cinq ans. Elle m'a humilié, m'a dit que je n'étais pas doué de mes mains. C'est ce jour qu'est née mon envie de peindre.

N.S. : Votre envie de peindre est donc née d'une frustration ?

A.S. : Plutôt du désir de me surpasser. Quand j'arrivais à la maison, je sortais des feuilles, des pinceaux et de la peinture, et je me mettais à peindre comme pour lui donner tort. Mes parents examinaient mes œuvres et affirmaient qu'ils avaient un fils artiste ! Mon père, je m'en souviens, m'a dit quelques jours après l'épisode des triangles : « Fils, rappelle-toi. Tu ne sais pas faire de triangles et ta maîtresse t'ennuie avec ça. Mais de toute façon les triangles ne mènent nulle part dans la vie. Toi, tu es un professionnel du rond ! »

N.S. : Du rond ?

A.S. : Oui, du rond. Du cercle si vous préférez. Je me suis mis à peindre frénétiquement des ronds jusqu'à l'âge de treize ans. Uniquement des ronds, mais de toutes les couleurs.

N.S. : Et ensuite ?

A.S. : Ensuite, je me suis cherché durant toute mon adolescence. J'étudiais à partir des livres d'art que mes parents m'offraient. J'étais fasciné par de nombreux artistes. Ceux de la Renaissance, par exemple Raphaël, Michel-Ange, El Greco aussi. Plus tard, Tiepolo m'a émerveillé. Par la suite, en cherchant mon style personnel, je me suis intéressé à différents courants, le cubisme, le baroque, l'abstrait... J'ai découvert des tas de peintres et de genres. Je ne faisais que cela, peindre. Je peignais sur mon chevalet dans ma petite chambre. J'étais un ado timide et maladroit, malingre et peu sûr de lui. Cet ado est toujours là, bien vivant en moi.

N.S. : Comment vous est venue l'idée de peindre l'inconscient des animaux ?

A.S. : Mon père a toujours été un amoureux des bêtes. Il en parlait souvent à la maison et m'avait même offert un lapin nommé Gatsby. Je l'aimais beaucoup. Le soir, il faisait de curieux bruits en dormant. Je me levais, inquiet, et j'écoutais ses plaintes. Mon père me disait : « Gatsby doit faire de drôles de rêves. Tu devrais les peindre. » Il faut préciser que mon père travaillait déjà à l'époque comme soigneur dans un zoo. « Comment pourrais-je peindre les rêves de Gatsby ? » lui ai-je demandé. « Imagine ses rêves et peins-les. » C'est ainsi que j'ai commencé. Ensuite, j'ai tenté d'explorer les rêves d'autres d'animaux : ceux de la baleine dissipée, du caribou soucieux, du buffle mélancolique, du mulet narcissique, et du crabe kleptomane.

N.S. : Il paraît que vous vivez avec un singe ?

Décontenancé par cette question, j'ai marqué un temps. Nolwenn Servan avait-elle découvert le pot aux roses ? Cherchait-elle à me piéger ? J'ai pris le parti de répondre aussi naturellement que possible.

A.S. : En effet, c'est le singe de ma grand-mère, un capucin très intelligent. C'est une femelle. Elle est mon amie.

N.S. : Elle vous regarde peindre ? Comment réagit-elle quand vous lui montrez vos peintures ?

Je commençais vraiment à avoir les jetons. J'ai menti éhontément.

A.S. : Elle n'aime pas vraiment mes peintures, et quand je peins, étrangement, elle va s'enfermer dans les toilettes.

N.S. : Vos toiles actuelles, celles qui seront exposées à la galerie Charles Vignon le 26 du mois, n'ont pas toutes à voir avec le rêve des animaux. Parlez-nous de votre autre série.

A.S. : Oui. Cette seconde série résulte plutôt d'une tension compulsive.

N.S. : Les couleurs sont sublimes, je trouve.

A.S. : Merci.

N.S : Pouvez-vous nous en dire davantage ?

A.S. : C'est de l'art abstrait. L'explosion des couleurs et la folie spontanée qui en résulte ne sont que la manifestation de l'inspiration d'un moment, d'une humeur, d'un état.

N.S. : Un état amoureux ?

A.S. : Sans doute aussi.

N.S. : Qu'attendez-vous de cette première exposition ?

A.S. : Que mon travail soit vu et reconnu dans sa diversité, puisque mes deux styles de peintures seront exposés.

L'interview s'est arrêtée là et Nolwenn Servan a éteint son dictaphone. Elle a commandé un second verre de vin et m'a proposé de prendre autre chose. J'ai opté pour un Coca, cette fois.

— Je dois vous avouer que, dans votre peinture, il y a un style que je préfère à l'autre, Alfredo, m'a-t-elle confié.

— Ah oui ?

— Je trouve vos tableaux sur l'inconscient des animaux bien plus intéressants et aboutis. Et j'en fais, des expos, croyez-moi !

J'ai avalé de travers et toussé, renversant un peu de Coca sur ma chemise. J'ai regardé Nolwenn Servan bien en face. Soudain, je l'ai trouvée belle, cette dame, et j'ai eu envie de lui faire des câlins. De me mettre tout nu et de courir à travers ce magnifique hôtel en hurlant ma joie.

« Alfredo Scali, ai-je songé, voilà une femme qui aime ta peinture. Une femme qui connaît l'art, qui est fine d'esprit, subtile et tout et tout ! »

Il fallait que je croie davantage en moi. Que je cesse de me laisser abattre par le doute. C'était bien là la preuve que tous les goûts sont dans la nature – les œuvres que Scali pouvait offrir au monde y avaient leur place.

Nolwenn avait enquêté avant de m'interviewer. Elle était au courant que j'avais un singe.

Elle avait dû faire un tour en bas de chez moi et Sahani avait craché le morceau. J'ai imaginé la scène : « Je connais Scali, oui. Lui vivre avec enkilé ! » Elle connaissait aussi mes tableaux, et avait dû en parler avec Vignon. Nous avons bavardé un moment, d'art et de peinture. Puis elle est partie en m'assurant qu'elle serait présente au vernissage. Elle a réglé les consommations et je suis resté assis, à fixer la cheminée tout en refaisant l'interview dans ma tête.

Enfin, je me suis levé, j'ai traversé le hall de l'hôtel et je suis sorti. J'ai descendu la rue de la Paix et marché en direction de la place Vendôme. Le temps était lourd, mais je me sentais bien. Arrivé aux Tuileries, je me suis promené un moment avant de m'asseoir sur une chaise en ferraille, devant la mare aux canards. Le vent soufflait fort. Une averse se préparait.

Est-ce que j'avais été à la hauteur lors de l'interview, pertinent, sincère ? Bon, sincère, pas tout à fait… Face à l'horizon d'un gris menaçant, je me suis ragaillardi : « Allez ! Tu t'appelles Alfredo Scali, fils de Luciano Scali et de Patrizia Guzi, et tu es comme tu es. »

Un roulement de tonnerre puissant a retenti, et la pluie s'est mise à tomber. J'ai couru sous un abri où quelques personnes s'étaient réfugiées. Sur ma droite, à quelques mètres, j'ai reconnu un vieux copain accompagné d'une grosse femme blonde et de deux enfants, dont un dans une poussette. C'était bien lui, Nicolas Selam ! Un ami de jeunesse que je croisais à la synagogue, le samedi, et qui était un véritable obsédé sexuel. À l'époque il était étudiant en pharmacie et il aimait tellement les femmes qu'il avait redoublé deux fois, ratant ses examens à cause d'histoires de fesses. « Nicolas le fessologue », c'était son surnom. Il adorait les blondes à forte poitrine et au fessier rembourré, à tel point que, pendant l'office, il passait son temps à mater les jeunes filles au balcon supérieur en me chuchotant : « Mate celle-là. Gros seins mais petit fessier. La Laetitia, en revanche, un bon gros cul ! » Le rabbin Meyer nous lançait des regards noirs. Et moi, j'avais honte, car il parlait fort. Il ne pensait qu'à ça et répétait en boucle : « Gros seins, gros cul ! »

— Eh, Alfredo Scali ?

Il était devant moi.

— Nicolas Selam, lui ai-je répondu avec enthousiasme, en lui tapant sur l'épaule.

— Comment ça va ? Ça fait, quoi, quinze ans qu'on ne s'est pas vus ?

— Au moins, oui. Tu deviens quoi ?

— Bah, j'ai deux pharmacies. Une à Neuilly, l'autre à Enghien. Et toi ? Tu peins toujours ?

— Oui. D'ailleurs, mardi j'expose mes toiles. Viens, ça me ferait plaisir !

— C'est d'accord. Il faut que je te présente ma femme et mes enfants, Élisa, sept ans, et Sacha, trois ans. Tu es marié, toi ?

— Non, ai-je répondu.

Sa femme, Alexandra, était dotée de seins énormes, de véritables obus, et d'un derrière de pachyderme. J'ai regardé Nicolas d'un air malicieux et je lui ai donné une bourrade.

— Tu as réalisé ton rêve, Nico !

Il a compris l'allusion. Et on s'est marrés tous les deux, en attendant que la pluie cesse.

Bertrand Bubard
Conseiller Pôle Emploi
188, avenue Jean-Lolive
93 500 PANTIN

Pantin, le 29/05/2017

Monsieur Scali,

Je vous écris car, n'ayant plus de vos nouvelles ni de réponse de votre part aux offres d'emploi que je vous envoie, j'ai le regret de vous faire savoir que je dois, conformément à la loi, vous radier de Pôle Emploi.

Bien à vous,

Bertrand Bubard

27

La veille de mon expo, Serge a débarqué chez moi. Il revenait de Crète, bronzé comme un poulet rôti. On est allés se promener dans le square d'en bas. J'avais mal au bide. Je m'interrogeais pour demain, mon grand jour. Quelles allaient être les réactions ? Est-ce que j'étais devenu un usurpateur ? Un peintre sans mérite, un artiste honteux ? Mes œuvres sur le rêve des animaux avaient-elles la moindre chance de plaire autant que celles de Schmidt ? Assis sur l'herbe avec Serge qui fumait son joint, j'ai éprouvé le besoin de me confier. Serge était un ami, comme Casimir, mais leurs visions étaient foncièrement opposées ; Casimir était un opportuniste, Serge un artiste dans l'âme. Pour autant, je ne m'attendais pas à une réaction si véhémente de sa part.

— Mais c'est super grave, ce que tu fais ! Comment as-tu pu accepter qu'on expose les œuvres de ton singe ?

— Il y a les miennes aussi, ai-je répondu gêné.

— Mais c'est la toile de Schmidt qui s'est vendue ! Pas la tienne ! Pas les tiennes ! C'est pour les tableaux de ton singe que les gens vont venir demain !

Il s'est levé, furieux, et a pointé vers moi un index accusateur.

— Jamais je ne te laisserai faire cela !

— Mais Serge…

— Tu n'as aucune éthique ! Je ne suis peut-être qu'un simple portraitiste de rien du tout mais moi, je crois en la pureté de l'art ! Tu insultes la peinture ! Tu te moques du monde !

— Mais…

Il s'est approché de moi, j'ai senti son haleine aigre :

— C'est minable, ce que tu fais.

Serge a tourné les baskets et a quitté le square. Je suis resté perdu dans mes pensées, assis sur l'herbe comme un idiot. Je ne savais plus qui écouter. Casimir m'incitait à tirer parti de la situation. Mais Serge ? Avait-il raison ? Voulait-il mon bien ? Était-il jaloux qu'une porte s'ouvre enfin à moi, lui qui n'avait jamais été exposé ? Et surtout, qu'allait-il faire ? Dénoncer cette mascarade ? Il était invité demain à l'expo…

Je me suis levé et j'ai marché dans le parc, inquiet et nauséeux, puis je me suis assis sur un banc, à l'ombre d'un platane. Et j'ai été saisi par la peur. À tout moment, je pouvais me faire choper. Le pire était devant moi. « Tu ne t'en sortiras jamais, Alfredo ! Tu es cuit comme un agneau de cinq heures ! » J'avais caché la vérité à mes parents, et même si ma mère serait plus clémente, je causerais une peine effroyable à mon père s'il découvrait mon mensonge. Je serais à jamais banni du monde de l'art, mes rêves seraient piétinés, je devrais trouver un job alimentaire, Bubard continuerait à me harceler…

Un rayon de soleil m'a fait fermer les yeux. J'étais au bord d'un précipice, il ne fallait pas grand-chose pour que je tombe, et que je perde tout.

28

Charles Vignon avait vu les choses en grand. Sa galerie avait été aménagée spécialement pour l'occasion et de longues tables nappées de blanc supportaient une multitude de plats, petit fours, canapés, verres et flûtes, sodas et alcools en tous genres. Les toiles étaient exposées sous de petites appliques halogènes qui diffusaient une lumière tamisée. Un DJ enchaînait les sets, dans une ambiance branchée.

Il y avait beaucoup de monde, des journalistes, des clients habituels de Vignon, des professionnels, sans oublier ma famille et mes amis. Ils se promenaient dans la galerie, un verre à la main, virevoltant de toile en toile pour admirer l'œuvre d'Alfredo Scali… Je portais ma tenue d'artiste – complet noir et pashmina ocre – et je serrais des paluches, recevant félicitations et encouragements. Ma mère m'a pris dans ses bras en m'assurant que j'étais le plus beau et que je méritais ce qui m'arrivait. Daisy, en robe de soirée fuchsia à paillettes, était assise dans un fauteuil roulant. Elle tenait un verre de cognac et je la voyais aborder les gens de-ci, de-là en répétant à qui voulait l'entendre : « Si Picasso avait rencontré mon petit-fils, il aurait définitivement arrêté la peinture. Il aurait plutôt ouvert une bonne pizzeria à Naples ! »

— Mamie, doucement, là..., lui ai-je dit, un peu gêné, après qu'elle eut balancé cela à un Japonais dubitatif devant une de mes toiles.

Elle m'a pincé la joue avec enthousiasme, comme quand j'étais gamin, et elle m'a sermonné :

— Quoi ? Il faut croire en toi ! Ça suffit maintenant !

Nolwenn Servan était là, elle aussi. Elle déambulait, très à l'aise, dans la galerie, une coupe de champagne à la main. Quand elle est venue vers moi, j'ai perçu chez elle une cordialité sincère.

— Belle expo, Alfredo. Bravo.

Nous avons trinqué.

J'observais les gens tout autour. Il y avait davantage de curieux devant les tableaux colorés de mon singe que devant les miens, et Charles Vignon vantait exclusivement les mérites des toiles de Schmidt auprès de ses clients, des Russes et des Japonais. Il leur baragouinait en anglais des formules types qui devaient faire mouche, car ils avaient l'air conquis.

Je me suis approché de mon père, qui sirotait son jus de fruits dans un coin.

— Ça va papa ?

— Je suis si fier de toi, fils, m'a-t-il répondu ravi.

J'ai acquiescé, honteux, et j'ai rejoint Casimir qui était campé devant le buffet, en train d'engloutir des toasts au saumon. Évidemment.

Comme nous étions mercredi, je lui ai demandé :

— Ils t'ont appelé, pour te vendre leurs fenêtres ?

— Le téléphone a sonné mais je n'ai pas osé décrocher.

— Comment peux-tu savoir si c'était eux ?

— C'était toi ?

— Ben non !

— Alors, c'était eux, a-t-il conclu en reprenant un toast.

Nicolas Selam s'est avancé vers moi et m'est tombé dans les bras.

— Alfredo, je ne connais rien à la peinture, mais je te souhaite le plus grand des succès !

J'ai serré de nouvelles mains, me suis servi d'autres verres de Coca. J'avais décidé d'éviter l'alcool, car il a sur moi un effet soporifique. J'observais les réactions. Ce vernissage était festif, mais j'avais la nette impression de ne pas mériter tout cela. La star de cet événement, c'était Schmidt.

Quand j'ai vu débarquer Serge, j'ai eu un coup au cœur. Il a salué mes parents avant de s'approcher des tableaux. Il était venu. Fallait-il que j'ordonne à mon père de le surveiller pour ne pas qu'il picole ? Mais avait-il seulement besoin de boire pour faire un scandale, tout révéler et foutre en l'air l'expo ? Je me suis approché de lui. Fixant avec attention une peinture de Schmidt, il m'a fait remarquer, l'air chafouin :

— C'est vraiment une belle toile, du grand talent… mais…

Il s'est gratté le menton, s'est rapproché de moi et m'a glissé :

— Peut-être que je ne dirai rien de ce que je sais, monsieur Alfredo Scali…

J'ai retenu mon souffle.

— *Mazel tov*, l'artiste ! a-t-il ajouté, cynique, en me prenant dans ses bras.

Tandis que je m'abandonnais à son étreinte, une pensée est venue obscurcir un peu plus mon humeur. « Alfredo, qui était la nana que tu t'es tapée quand Schmidt a peint ce tableau ? » Lorsque je jetais un regard circulaire sur les toiles de mon singe, je ne voyais que poitrines, fesses, jambes de celles que j'avais possédées le temps d'une nuit. « Pauvre minable que tu es, Alfredo. Escroc. S'ils savaient la vérité… »

Soudain, j'ai été submergé par l'angoisse. Ma vision est devenue trouble et le brouhaha alentour inaudible. J'ai eu des sueurs froides. Nauséeux, j'ai filé discrètement aux toilettes au sous-sol.

— Alfredo Scali ? m'a interpellé un vieux bonhomme avec un accent british dans l'escalier.

— Oui, ai-je répondu.

— Quel talent ! s'cst-il exclamé tandis que je descendais péniblement les marches.

Je me suis passé de l'eau froide sur le front et me suis regardé dans la glace. Et là, j'ai eu très peur : le miroir me renvoyait le visage de Schmidt. Sa tête était greffée à la place de la mienne, sur un corps vêtu d'un costard noir et d'une écharpe ocre. Elle était là, et me fixait sans ciller. L'eau coulait. Une voix que je ne connaissais pas a pris possession de moi : « Tu n'as pas encore ta place dans ce monde. Tu ne mérites pas ce qui t'arrive. Tu as manqué à tous tes devoirs. Casse-toi, Alfredo Scali ! » Pris de panique, je suis sorti des toilettes en toute hâte.

Arrivé en haut des marches, j'ai su qu'il fallait que je prenne la fuite. Alors j'ai filé de la galerie Vignon.

Il faisait sombre dans la rue du Faubourg-Saint-Honoré. C'était une chaude nuit de printemps. Quelques automobiles circulaient ; on entendait le ronflement des moteurs et, de temps à autre, un coup de klaxon. Une voix m'a interpellé.

— Alfredo ! Où tu vas, comme ça ?

Casimir, qui m'avait observé toute la soirée, m'avait vu partir et avait quitté son poste devant le buffet. Je me suis retourné et j'ai lu l'inquiétude dans ses yeux.

— Je dois fuir ce que je ne mérite pas, ai-je balbutié d'une voix blanche.

— Réfléchis bien. Ton nom va voyager maintenant…

— Grâce à Schmidt, ai-je répondu du tac au tac.

Il me scrutait de son regard pénétrant.

— Peu importe. Alfredo Scali a désormais son nom sur une étoile. Ne laisse pas ça filer. Quoi que tu fasses, tu es Alfredo Scali à présent. Et c'est ça qui compte. Pense à ton avenir. Rien n'est simple. Si les opportunités viennent à toi, ne les fuis pas, mon ami.

— Serge croit en la sincérité, en la pureté de l'art. Et il dit vrai.

— Serge a toujours été dans la merde. Toi, tu peux changer ta vie !

— Et si mon père apprenait la vérité, hein ?

— Alfredo, y a aucune raison qu'il apprenne quoi que ce soit, ton père. Le secret sera bien gardé.

Nous nous sommes regardés un long moment en silence. Mais je n'étais pas convaincu. Il a dû le sentir, ses traits ont reflété son désarroi, juste avant que je me détourne pour quitter cette soirée qui n'était pas la mienne.

Quand je suis rentré chez moi, j'étais mal. Ma lâcheté n'avait-elle aucune limite ? Mon téléphone portable avait sonné des dizaines de fois ; j'avais reçu des SMS que je n'osais même pas consulter. Je n'avais qu'une idée en tête : prendre une décision, enfin. Ne plus me laisser influencer. Bousculer ma vie. Prendre mon envol.

« Tu en meurs d'envie, tu sais que ce sera bon pour toi et tu n'oses pas ! Allez ! Fais-le ! »

J'ai allumé mon ordinateur et j'ai ouvert Google Earth.

Cesser de fuir.

Partir.

Commencer quelque chose de neuf, mais seul. Loin. Très loin de tout.

J'ai surfé sur le Net, choisissant au hasard une destination exotique : mer, palmiers et sable chaud.

Les Caraïbes. La République dominicaine.

Un billet simple.

On verrait bien.

J'avais à présent les moyens de vivre l'expérience.

J'ai cherché sur la Toile, toute la nuit, aussi déterminé qu'un athlète qui, même blessé, n'envisage pas de laisser tomber la course. Et j'ai organisé mon voyage de A à Z.

De mon placard, j'ai sorti une valise, que j'ai remplie en prenant soin de ne rien oublier. Déjà, je me sentais mieux. Sur mon portable, une foule de messages clignotaient. Je n'en ai lu ni écouté aucun. Je préviendrais les gens de mon départ par écrit, et ce serait bien ainsi.

J'ai pris un somnifère et je me suis allongé, observant le ciel par la fenêtre. Les étoiles dansaient. Je suis resté un moment comme ça, la tête dans les astres, imaginant mon avenir à peindre au bord de la mer. Puis j'ai feuilleté une biographie de Kandinsky. Mon esprit s'apaisait à mesure que je tournais les pages ; je voyageais.

Le téléphone vibrait sans répit. Le somnifère commençait à faire effet. Je me suis endormi en pensant à ma nouvelle vie, cette route longeant l'immensité de l'océan.

29

L'aéroport de Roissy Charles-de-Gaulle était bondé en ce dimanche soir de début juin. Les écrans affichaient des départs pour le monde entier. Mes parents étaient présents, ainsi que Casimir. Quant aux autres, je les avais prévenus par un bref SMS :

> Je pars loin et sans perspective de retour prochain.
>
> Je reviendrai avec de belles peintures.
>
> Vous pouvez me joindre par mail.
>
> Le soleil et les paysages qu'il illumine m'attendent. Je m'envole.
>
> Je vous aime,
>
> Alfredo

Je sentais mes parents inquiets, même s'ils ne le montraient pas. Casimir, lui, était mélancolique.

— Tu vas me manquer, mon peintre à la carbonara.

Nous avons pris un café dans une buvette. L'agitation autour de nous était palpable : sans cesse on annonçait des embarquements immédiats pour des destinations de rêve. Nous nous regardions en remuant notre café, et en souriant sans rien dire. Je me sentais plein d'appréhension, mais j'étais aussi ce fils qui part au loin, cet ami qui voyage pour une durée inconnue.

Le moment des embrassades est venu. On s'est serrés dans les bras, on s'est murmuré des « je t'aime » sans pudeur. J'ai eu la larme à l'œil quand j'ai entendu les mots d'encouragement de mon père, qui m'a béni, au beau milieu de l'aéroport. Je me suis contenté de répondre « Amen ».

Je quittais un monde où j'avais mes repères pour partir à la découverte d'un autre, inconnu. Le peintre s'envolait avec toutes ses couleurs, au sens propre comme au figuré.

Avant de franchir le portique de sécurité pour gagner la salle d'embarquement, ma mère a fait un signe à mon père.

— Allez, Luciano. Vas-y.

Casimir a eu un grand sourire complice. J'ai vu mon père faire demi-tour et disparaître dans les escalators. Ma mère s'est approchée et m'a serré fort, Casimir s'est joint à notre longue étreinte. Tout cela ressemblait à un adieu très cinématographique. Et soudain, mon père a réapparu.

Il tenait un panier en osier, dissimulé sous une couverture bleue que je connaissais bien. C'est dans cet édredon que je m'endormais, petit, devant la télévision. Quand il a soulevé la couverture, Schmidt est sortie du panier, a regardé autour d'elle, et a bondi dans mes bras. Elle m'a fixé de ses billes de singe et m'a couvert de baisers. Quelques badauds, touristes, agents de sécurité, militaires et vendeuses de croissants observaient la scène, médusés. J'ai regardé Schmidt. Elle était la même mais quelque chose en elle avait changé. Je la trouvais plus épanouie. Elle a approché son petit nez du mien et m'a caressé le visage avec douceur. J'ai senti tout son amour. Un amour de singe.

Des retrouvailles pour un au revoir. Avec Schmidt dans les bras, mes parents et mon ami à côté, j'ai été saisi par l'émotion. Il était temps que je me dirige vers les portiques de sécurité qui traçaient la frontière de ma nouvelle vie. J'ai déposé le singe, qui a pris la main de mon père pendant que je m'éloignais. Je leur ai fait un signe de la main, tous m'ont répondu par le même geste. Les larmes coulaient sur les joues de ma mère. Casimir m'a fait un clin d'œil. Schmidt sautillait sans lâcher la main de mon père ; de loin, elle m'a tiré la langue.

Une fois dans la salle d'embarquement, diverses pensées m'ont assailli. « Alfredo, c'est bien, ce que tu fais là. Courageux. Triste, évidemment !

Comment pourrait-il en être autrement ? Mais tu reviendras. Tu reviendras, et tu seras différent. Plus confiant. Tu vas peindre, prendre le temps, trouver l'inspiration et évoluer dans ton style. Évoluer. Voilà ce qu'il te faut. Ne pas devenir un autre mais te révéler, devenir toi-même. »

Assis dans l'avion, j'ai attendu le départ, pendant que l'hôtesse se livrait à sa ridicule gestuelle sécuritaire.

L'avion a décollé.

Impossible de faire demi-tour. J'ai observé par le hublot les maisonnettes et les voitures minuscules du monde d'en bas, la fourmilière où je n'avais pas encore trouvé ma place.

On se sent si seul quand on rêve d'idéal.

J'ai sorti mes écouteurs et la soul de Curtis Mayfield m'a bercé, tandis que les nuages moutonneux nourrissaient ma rêverie. Et tout à coup, j'ai pensé à Bertrand Bubard : je devais lui écrire. Un dernier mail. Rapide et cinglant.

De : alfredoscali_348765@live.fr
À : bertrandbubard@pole-emploi.fr
Envoyé le : 03/06/2017
Objet : Adios ! De l'aéroport, Roissy-Charles-de-Gaulle

Référence dossier Pôle Emploi : 158954 MJV 891

À l'attention de mon conseiller Pôle Emploi qui ne me manquera jamais, jamais, jamais !

Monsieur Bubard,

Vous avez été pour moi un conseiller nullissime. Vous n'avez jamais cherché à me comprendre, et votre mépris à mon égard a été tel que j'ai souvent pensé au bonheur que je ressentirais en vous collant une gifle. Vous l'avez échappé belle !

Mais je ne suis pas un violent, Bubard.

À présent, vous pouvez me radier pour toujours de Pôle Emploi. Faites-vous plaisir ! Je me tire de ce pays où je n'ai pas ma place. Je suis devenu un peintre, je commence à me faire un nom, mais soyez sûr que quand je reviendrai, ce nom, je le mériterai.

Je vous conseille trois choses, Bubard.

Conseil n° 1 : Vos lunettes doivent être nettoyées plus souvent. Elles sont grasses et sales.

Conseil n° 2 : Il me semble que si vous adoptiez un chien, peut-être un saint-bernard ou un sharpeï, vous gagneriez en sympathie.

Conseil n° 3 : Osez le costard en strass et inscrivez-vous à des cours de disco. Une bonne fièvre du samedi soir vous ferait le plus grand bien.

Ciaoooooo !

Alfredo Scali

Bertrand Bubard
Conseiller Pôle Emploi
188, avenue Jean-Lolive
93 500 PANTIN

Pantin, le 14/06/2017

Monsieur Scali,

J'ai bien reçu votre courrier. Pardonnez-moi pour le retard avec lequel je vous réponds, mais nous sommes débordés en ce moment.

Je saisis parfaitement votre requête mais sachez que peintre, du point de vue de Pôle Emploi, ça n'est pas vraiment un métier. Il n'y a d'ailleurs aucun code ROME concernant cette activité.

Je vous invite à mettre en ligne votre CV afin d'améliorer vos chances de trouver un emploi.

Je vous prie d'agréer, Monsieur, mes salutations distinguées.

Bertrand Bubard

30

Il flottait dans l'île comme un parfum d'oubli.

Depuis un mois en République dominicaine, mon quotidien était fait de faune et de flore exotiques, de mer turquoise et translucide, de sable blanc, d'arômes tropicaux, de criques rocheuses abritant coraux, bancs de poissons, oursins et coquillages. Tous les matins, je me levais avec le chant des oiseaux, je prenais mon café dans le jardin, offrant mon visage au soleil comme pour recevoir son énergie, puis je partais marcher sur le sentier bordé de maisons colorées qui menait au centre-ville. Anton, un Anglais obèse âgé d'une cinquantaine d'années, y tenait un bar à jus de fruits exotiques. Chaque jour, je m'y arrêtais pour prendre un jus de mangue fraîchement pressé.

Puis, mon chevalet installé sur la plage ou sur le port, le visage à l'abri sous mon chapeau de paille havane, je peignais pendant plusieurs heures, assis sur un petit tabouret, pendant que le soleil s'employait à dorer ma peau. L'air était chaud et enveloppant. Ce quotidien paisible faisait venir à moi l'inspiration : enfin, je m'adonnais pleinement à la peinture.

J'avais décidé de peindre différemment. À moi, la beauté des paysages et des panoramas. Alfredo Scali, subjugué par la multitude de couleurs et les vues idylliques de l'île, réalisait désormais des tableaux dans un style réaliste. Les jours se ressemblaient, mais pas mes toiles. Désormais je peignais librement et sans crainte, animé par une énergie créatrice.

J'avais loué une jolie maison en teck, un bijou d'architecture coloniale, à quelques minutes de l'océan. Elle comportait un vaste salon blanc à la décoration dépouillée, une salle de bains et deux chambres. Un jardin petit mais verdoyant l'entourait, tout en exubérance et en fruits généreux. La vue sur la mer était splendide.

Je recevais des retours réguliers de Charles Vignon qui m'informait des belles nouvelles : les toiles se vendaient. Mais c'étaient toujours celles de Schmidt. Il m'annonça son désir d'organiser une expo à Tokyo, et accepta de tenter l'aventure avec mes œuvres actuelles. Cette perspective me rendait euphorique. Il fut rapidement question d'une période promotionnelle durant laquelle Nolwenn Servan m'interviewerait à nouveau.

Cette nouvelle vie, seul sous les tropiques, face à moi-même, me rassérénait de jour en jour. Mes proches me manquaient, mais je recevais quotidiennement mails et messages. Casimir m'écrivait qu'il s'ennuyait : il en avait plus qu'assez de ses expertises en assurance et regardait souvent les photos de l'île que je lui envoyais. Il se languissait de ma « tête de croupion à papaye endimanchée ».

Un matin, chez Anton, j'ai ouvert un mail sur mon téléphone : c'était une photo de Schmidt avec mon père, au zoo. Ils étaient beaux, tous les deux. Derrière eux, j'ai reconnu l'un des bancs proches du bâtiment des primates. Schmidt regardait en l'air, comme dissipée. Mon père, qui la portait, fixait l'objectif. Un message et un article de presse accompagnaient le cliché.

À : alfredoscali_348765@live.fr
De : lucianoscali_5630998@live.fr
Envoyé le : 10/07/2017
Objet : Schmidt et papa
Pièce jointe : Article presse Alfredo

Alors, fils ? Tu nous manques beaucoup, à ta mère et à moi. J'espère que tu te sens bien là où tu es, et que tu es heureux. Où en sont tes peintures ? J'ai pensé que tu devrais peindre le rêve d'une coccinelle superstitieuse. À ce sujet, une journaliste est venue me rendre visite : elle rédigeait un article sur toi. Tu deviens célèbre ! Je lui ai raconté un petit souvenir qui te fera sûrement sourire. Fais-moi plaisir, par ailleurs, va faire un tour à cette adresse : 24, avenue de Maupin. C'est un centre communautaire israélite. Tu feras un peu la prière et ils te donneront de la bouffe casher. Ils te guideront même vers la synagogue de l'île. Bref, rend-leur visite et tiens-moi au courant.

Tu nous manques et ton escalope sera toujours là, quand tu reviendras...

Schmidt va bien. Elle est toujours aussi amoureuse de son Baba Sanga. Je vais la voir tous les jours, je lui donne à manger de mes propres mains.

Ne t'inquiète pas pour elle. Je crois qu'elle risque de devenir maman d'ici peu...

Ton père, ta mère et ton singe qui t'aiment

J'ai été ému en pensant à Schmidt et à l'heureux événement à venir. J'ai ouvert la pièce jointe. C'était un article de Nolwenn Servan. Il était plutôt élogieux, et mon père y confiait une anecdote qu'il avait mille fois racontée. La voir imprimée en toutes lettres dans le journal m'a serré le cœur... Quand nous allions à l'école, mon frère et moi, et que nous ramenions de mauvaises notes, mon père nous offrait un petit cadeau. Ses collègues de travail d'alors le lui reprochaient : « Mais Luciano, c'est quand ils ont de bonnes notes qu'il faut les récompenser, tes gamins ! » Et il leur répondait : « Quand ils ont de bonnes notes, ils ont un cadeau, mais je leur en offre un aussi lorsqu'ils m'informent d'une mauvaise note, pour ne pas les habituer à mentir. Je veux qu'ils aient toujours le réflexe de l'honnêteté. »

Rattrapé par la culpabilité, j'ai posé mon Smartphone et j'ai levé la tête. Devant moi sur la plage, un petit garçon jouait dans le sable, sous les yeux d'un vieux type qui le regardait avec toute l'attention du monde. La même que celle de mon père quand, enfant, il me regardait peindre. J'ai entendu le gosse hurler à pleins poumons : « Papy ! Je suis un sculpteur de sable ! » et je me suis revu au même âge, sur la table en toile cirée de la salle à manger, avec mes palettes dégoulinantes de couleurs, tandis que mon père m'encourageait avec fierté. Le petit se démenait, creusait, aplatissait, modelait, puis il a présenté son œuvre à son grand-père qui a applaudi. Pendant quelques instants, j'ai été cet enfant. Et j'ai eu très envie d'appeler mon père.

— Allô papa ?

— Oh ! Alfredo ?

— Comment ça va ? Tu ne dors pas ?

— J'allais me coucher. Tout va bien ?

— Papa... euh... j'ai quelque chose d'important à te dire.

— Même si ça n'est pas important, tu peux me le dire quand même.

— C'est... comment dire... quelque chose de lourd... et que... et que je t'ai caché.

— Quelque chose de lourd ? Un hippopotame ?

— Je t'en prie… je ne plaisante pas.

— Qu'est-ce qui se passe, Alfredo ?

— Eh bien… c'est… Voilà. Les toiles… les toiles qui m'ont révélé, toutes les toiles qui se sont vendues, celles de l'expo… c'est Schmidt qui les a peintes. Pas moi.

— Ça alors ! Tu dis… tu dis qu'elle a peint ?

— Oui, Schmidt a peint mes toiles, oui…

— Ah ! Je comprends mieux à présent !

— Tu comprends quoi ?

— Au zoo, dans la primaterie, elle a une cachette où on a retrouvé une quinzaine de stylos qu'elle a dû piquer dans les poches des soigneurs !

J'ai marqué un temps avant de poursuivre :

— J'ai triché, papa… J'ai joué un personnage que je n'étais pas, parce qu'aucune porte ne s'ouvrait à moi… et…

— Schmidt ! Mais elle est fantastique ! Et après on me reprochera d'aimer tant les animaux…

— Papa…

— Oui ?

— Je suis sérieux.

— C'est pas toujours une qualité.

— Papa, je voulais te dire aussi… j'ai décidé de laisser tomber ma série sur les rêves des animaux. Désormais, je vais peindre autre chose.

Il y a eu un nouveau silence.

— Tu laisses tomber les rêves des animaux ?

— Oui.

— Fils…

— Quoi ?

— Sois libre et écoute ton cœur, c'est le seul moteur de l'inspiration.

— Je ne suis pas le génie que tu pensais.

— Alfredo, je t'aime tel que tu es, et peu importent les choix que tu feras : j'espère juste qu'ils t'apporteront le bonheur.

— Papa, est-ce que tu m'en veux ?

— Si tu es heureux, je suis heureux, c'est aussi simple que ça.

— Je te promets que je ne te décevrai pas, j'y arriverai, même si je dois encore changer de style, même si…

Il m'a interrompu comme pour conclure :

— Alfredo, n'oublie jamais… Sois toi-même. Tous les autres sont déjà pris.

En raccrochant, je me suis senti léger. Mon père était vraiment un homme qui voyait le monde en souriant. Aujourd'hui, c'était décidé, j'allais lui faire plaisir.

— Avenue de Maupin, tu connais ? ai-je demandé à Anton.

— C'est pas très loin d'ici, m'a-t-il répondu en pressant ses citrons.

Je suis descendu du taxi à l'adresse indiquée. Au fronton de la bâtisse ivoire, on pouvait lire : *Beth 'Habad de San Pedro.* Un gros homme en chemise blanche et pantalon noir, à barbe rousse et lunettes de soleil, était assis sur une chaise à l'entrée et grattait sa guitare, la cigarette aux lèvres.

Je sais qu'il existe, partout dans le monde et jusqu'au fin fond de la pampa, dans les coins les plus reculés de la planète, des centres communautaires israélites. La mission de ces bénévoles est d'apporter une aide aux Juifs, où qu'ils se trouvent sur le globe. Ils leur procurent de la nourriture casher, des livres de prières et un soutien sans faille, même si leur nombre ne dépasse pas quinze individus. À San Pedro aussi, ils étaient là.

— Bonjour. Je m'appelle Alfredo Scali.

L'homme m'a observé un moment sans cesser de gratter ses accords. Puis il a ôté ses lunettes et m'a demandé avec chaleur :

— C'est sépharade, ça. Italien ?

— Oui, c'est ça.

Il a posé la guitare à ses pieds et a tiré une bouffée de sa cigarette avant de poursuivre :

— Tu aimes le poulet rôti ?

— Celui que cuisine mon père, oui.

— Il vient d'où ton père ?

— Paris.

— Quelle synagogue ?

— Pantin, place Jules-Boukobza.

— Allez, viens manger du poulet, ça va te faire du bien, l'Italien, a-t-il lancé en se levant et en jetant son mégot.

Je l'ai suivi dans la bâtisse qui embaumait de l'odeur de poulet rôti. La pièce était meublée d'une bibliothèque colossale remplie de livres bibliques, d'une table en bois, d'une télévision fixée en hauteur diffusant un match de football, de deux grands frigos et d'un appareil à broches où trois poulets étaient en train de rôtir.

— Je m'appelle Shimone, au fait. Tu es ici depuis longtemps ?

— Un mois.

Il a allumé une nouvelle clope.

— Tu joues de la guitare ? ai-je dit pour engager la conversation.

— Oui. Et j'étudie la Thora aussi. En fait, je suis là pour m'occuper des Juifs de l'île.

— Il y en a beaucoup ?

— Moins de vingt, mais rabbi Stankel m'avait proposé quatre destinations : Phnom Penh, Quito, Akita ou San Pedro. J'ai choisi San Pedro. Tu connais un peu le reggae ?

— Pas plus que ça.

— Tu fais ta prière ? Tu as de quoi manger casher ?

— Je ne suis pas pratiquant.

— Ce n'est pas la question. Viens nous voir de temps en temps si tu le souhaites, pour ne pas oublier, m'a-t-il conseillé en caressant sa barbe rousse.

— Oublier quoi ?

— Que tu es juif ! Où passes-tu shabbat depuis que tu es ici ?

— Bah, chez moi… seul.

— Dorénavant, tu viendras à la maison. Je te présenterai ma femme et mes trois enfants.

— C'est gentil, merci.

Shimone s'est dirigé vers les frigos. Il en a sorti une bouteille de rosé et a rempli deux verres, pour nous faire patienter.

— Mendel ! s'est-il écrié.

Sorti d'une pièce du fond, un homme aussi corpulent que Shimone et habillé de la même façon s'est approché.

— Apporte-nous des sandwichs au pastrami. Le poulet ne suffira pas.

Mendel m'a regardé fixement. Il avait un visage rond et des yeux noirs de gentil gars. Puis il est parti nous préparer les sandwichs.

— Nous avons un groupe de reggae, m'a expliqué Shimone. Les Rabbis Reggae Zion. On donne un concert bientôt. Il faut que tu viennes !

J'ai eu une pensée pour ma grand-mère, qui aimait tant le reggae.

— Tu as la foi, Alfredo ? a-t-il repris après avoir bu quelques gorgées.

— Pas toujours.

— Il le faut, pourtant.

— Pourquoi ?

— On a besoin de force dans ce monde pour affronter la vie. Et la foi rend plus fort.

— Il y a d'autres façons d'être fort, non ?

Il a réfléchi, tout en caressant sa barbe.

— Probablement. Mais c'est aussi une question de foi, la force. Tiens, je vais te raconter une histoire. Un jour, deux souris tombent dans un bol de lait. L'une dit à l'autre : « On va se noyer, ça ne sert à rien de lutter. » Pas convaincue, l'autre lui répond : « On va survivre ! Il faut avoir la foi et être fortes ! » Puis elle se met à battre le lait de ses petites pattes dans le bol, sans s'arrêter, croyant que cela l'aidera à survivre. Et elle ordonne à l'autre de l'imiter. « Bats-toi ! Remue tes pattes ! Il se passera quelque chose ! » Au terme de leurs efforts acharnés, le lait s'est transformé en beurre. Et elles ont survécu.

J'ai fixé Shimone en silence.

— J'aime me dire que ces souris sont encore vivantes et qu'elles étudient les livres, quelque part dans le monde, a-t-il conclu.

J'ai siroté mon rosé. Il était bien frais.

— Que fais-tu sur l'île ? m'a demandé Shimone.

— Je peins. Je suis artiste peintre.

Mendel s'est approché de nous avec les sandwichs au pastrami. Shimone a sorti de la rôtissoire une volaille, qu'il a coupée en deux avant de déposer les morceaux dans des assiettes.

— Ce poulet va te faire du bien, Alfredo Scali.

Je me suis assis pour manger.

— Alfredo, s'est indigné Shimone, tu dois te laver les mains avant de manger ! Tu sais ça ?

Effectivement, dans le judaïsme, avant tout repas, on se lave les mains et on récite une prière pour remercier Dieu de Sa mansuétude.

— Oui, je sais, ai-je répondu, penaud.

Nous nous sommes levés et dirigés vers le lavabo.

— À partir d'aujourd'hui, chaque fois que tu t'apprêteras à peindre, tu te laveras les mains, a décrété Shimone.

J'ai mordu dans mon sandwich. Délicieux.

— Ah oui ? Et pourquoi cela ? ai-je demandé.

— Tu vas spiritualiser ton œuvre.

— Ah... OK.

Shimone s'est levé et est revenu avec sa guitare. Quand Mendel s'en est aperçu, il est allé chercher son tam-tam.

— On va te jouer un morceau, a-t-il annoncé.

Tout en dégustant mon sandwich au pastrami et mon poulet, j'ai écouté ces deux Juifs Loubavitch me jouer de la musique. Le temps s'est arrêté. Et dans la chaleur torride de l'île, je me suis laissé bercer par leurs sonorités reggae.

— *Rastafari mazal ! Oh ! Ah ! Mazel tov, Reggae ! Hampam pam pam ! Zion !* a entonné Mendel.

Lorsque je suis sorti du centre communautaire, le soleil plongeait dans l'océan.

Shimone m'avait dit : « Tu n'es plus seul désormais, tu peux manger casher tous les jours. On est là. Si tu peux faire un petit don, ça ne sera pas de refus. Ce que tu peux, tu donnes. » Je leur avais filé un billet et Mendel m'avait ramené chez moi en voiture, me laissant un plateau de victuailles que je m'étais empressé de mettre au frais, une fois à la maison.

J'ai passé la soirée à prendre l'air au jardin, allongé sur un transat, en lisant quelques écrits spirituels que mon père m'avait remis avant mon départ. J'ai médité aussi l'histoire des deux souris dans le bol de lait.

Lorsque enfin la nuit a jeté son drap noir sur l'île, j'ai contemplé les constellations dans le ciel obscur. J'ai sorti du frigo un cabillaud à la sauce coco mariné aux légumes, que j'ai dégusté sous les étoiles. Ensuite, je me suis allongé sur l'herbe fraîche dans le jardin. J'ai repensé à cette journée pleine d'émotion à San Pedro, et je me suis endormi en me laissant bercer par le murmure des vagues.

31

Je me suis réveillé tôt. À travers les stores, les premiers rayons du soleil m'ont tiré de mon sommeil. J'ai pris une douche froide, enfilé un pantalon de lin blanc, un tee-shirt de la même couleur et me suis coiffé de mon chapeau de paille. Puis, mon tabouret et mon chevalet sous le bras, je suis allé chercher un endroit en bord de mer, pour peindre.

Sur le chemin, je me suis arrêté chez Anton pour prendre un jus de mangue. J'ai posé mes affaires et me suis installé au comptoir.

— Comme d'habitude, ai-je commandé.

— Tu faisais quoi, à Paris ? m'a demandé Anton, occupé à préparer des fruits.

— Je peignais et j'enchaînais des jobs merdiques.

Il a pris les morceaux de mangue pour les mettre dans le blender.

— Et toi ?

— Je bossais dans la finance. *Broker*. J'ai encaissé un max de pognon puis j'ai décidé de venir vivre ici pépère pour monter un bar à fruits.

Il a déposé mon jus sur le comptoir.

— Et tu es heureux ? ai-je voulu savoir.

Il a vidé son verre de coco.

— Absolument. Bien plus qu'avant. Il me manque juste une nana. Toi, tu te sens comment ?

Je n'ai pas trop su quoi lui répondre.

— Je me sens inspiré, ai-je simplement dit.

J'ai marché jusqu'à la crique, comme un chercheur d'or éperdu. J'ai parcouru la plage de sable blond, déserte et sauvage, à la recherche de l'emplacement adéquat. Tout à coup, je me suis arrêté : à cet endroit, la vue était parfaite. C'était exactement la lumière que je voulais. Les falaises, la mer étale, le ciel immaculé et le soleil telle une boule d'or rayonnante.

J'ai installé mon chevalet.

Avant de commencer, je suis allé tremper mes doigts dans l'eau pour sanctifier ma peinture. Puis, la palette en main, je me suis mis à peindre, bercé par le clapotis des vagues, enivré par les effluves marins. Le temps s'est arrêté, j'étais seul au monde. Transporté par chaque mouvement de pinceau, j'ai mis du bleu sur ma toile, beaucoup de bleu.

En peignant, j'ai pensé à mes parents. Je n'avais jamais été séparé d'eux aussi longtemps ; et les dîners d'escalopes et de pasta, à écouter les allégories de mon père sur les pandas, puis à dévorer les pâtisseries de ma mère, me manquaient. Alors, je me suis allongé sur le sable, j'ai croisé mes bras derrière la tête, et j'ai imaginé mes parents sur l'île, à mes côtés pour quelques jours. Je louerais un voilier pour donner mon interview. Je leur montrerais que je suis devenu quelqu'un, un grand bonhomme respecté, je fumerais le cigare aussi, j'en ferais des tonnes, pour qu'ils repartent dans leur banlieue avec une certitude : celle que leur fils a enfin réussi sa vie. Je leur promettrais des tas de choses à mes parents, une villa, un zoo pour mon père, une boulangerie pour ma mère, tout ce qu'ils voudraient et bien plus encore, parce qu'ils méritent l'impossible. J'imaginais ça, que nous débarquerions comme des milliardaires d'un jour, qu'entre les petits fours et les bulles de champagne, nous afficherions sans gêne la vitalité de notre amour. On contemplerait l'océan ; inquiète, ma mère insisterait pour ne pas que nous attrapions un coup de soleil, tandis que mon père me raconterait des souvenirs d'enfance – lorsque, petit, on m'emmenait sur la Côte d'Azur sucer des glaces à l'eau en rêvant devant les imposants bateaux, comme dans la chanson de Michel Jonasz.

J'ai fermé les yeux, et j'ai vu ma mère allongée dans un transat sur le pont supérieur d'un voilier. Un équipage nous servait comme des rois. Elle me disait :

— Mon fils, tu as réussi.

Et mon père renchérissait illico :

— On vit encore dans un F4, en banlieue, mais ça va bientôt changer, j'te le dis, moi !

Je me disais que les membres du personnel sur le bateau n'arriveraient pas à garder leur sérieux, parce que mes parents ne cesseraient de les considérer comme des proches et non comme des employés aux petits soins. Mes parents, ils ne savent pas se faire servir, ce n'est pas dans leur ADN. De toute évidence, ils se lèveraient et aideraient le staff, ils débarrasseraient à leur place, iraient eux-mêmes chercher ce dont ils auraient besoin dans la cuisine, et quand un cocktail arriverait pour eux, ils clameraient au personnel de l'équipage : « Prenez, prenez-en vous aussi ! Faites comme chez vous ! »

Casimir débarquerait sur le bateau – « Espèce de poiscaille corrompue de peintre au pesto ! » –, Serge et sa nouvelle future ex aussi. On se serrerait dans les bras, on ferait des rondes tous ensemble, on chanterait des chansons de Léo Ferré devant un équipage qui nous prendrait pour des dingues. J'imaginais ça. Je donnerais mon interview à Nolwenn Servan en tirant sur mon havane comme un amateur, ce qui me ferait tousser.

Nolwenn Servan : Votre style a radicalement changé, est-ce à cause de cette nouvelle vie sous les tropiques ?

Alfredo Scali : En effet, à présent, je dors beaucoup mieux. Je sais que mes tableaux sont présents dans les chambres des plus belles villas de ce monde. Savez-vous que le Président de la République dominicaine est tellement fou de mes peintures qu'il vient me voir tous les jours pendant que je peins sur la plage, pour m'embrasser ?

N.S. : En enquêtant sur votre parcours, j'ai rencontré un certain Bertrand Bubard, votre conseiller Pôle Emploi. Il m'a dit que vous étiez un vrai travailleur, un homme de grand courage.

A.S. : En effet, pendant ma période de vaches maigres, Bertrand Bubard a été pour moi un mentor d'exception. Sans doute le meilleur conseiller Pôle Emploi que la terre ait jamais porté. Un homme juste et bon. Je lui offrirai une toile, parce qu'Alfredo Scali est comme ça. Il n'oublie pas.

N.S. : Vous avez grandi dans une banlieue parisienne, laquelle vous a inspiré les œuvres que nous connaissons. Votre rythme de vie a l'air d'avoir changé : vous sentez-vous plus heureux ?

A.S. : Et comment ! Je ne me suis jamais senti autant en accord avec moi-même. Regardez, mes parents et mes meilleurs amis sont à mes côtés. Ces liens forts font de moi un homme riche. Je suis heureux, parce que sans eux, je ne serais pas ce que je suis !

Nous sabrerions le champagne. Dans sa folie, mon père attraperait dans ses bras la très bourgeoise Nolwenn Servan, il la soulèverait comme un lapin qu'on sort de sa cage, en hurlant : « Vous êtes une merveille de la nature, je vous aime ! Une journaliste somptueuse comme une tigresse de Sibérie ! » et ma mère le rappellerait à l'ordre : « Luciano ! Doucement, enfin, pour qui allons-nous passer ?… »

Soudain, sortant de mes songes, j'ai entendu au loin une voix de femme s'exprimant en français. Redressant la tête, j'ai vu à quelques mètres de là, marchant sur la plage dans ma direction, téléphone en main, une fille en maillot de bain jaune. Elle parlait assez fort, était blonde, la peau couleur caramel, pas mal roulée du tout. Quand elle est passée devant moi, nimbée d'un parfum de fleur de tiaré, elle a jeté un coup d'œil sur ma toile en m'adressant un sourire qui découvrait des dents blanches comme des perles. Je me suis retourné pour regarder ses courbes affriolantes : dans son maillot jaune, on aurait dit un bonbon au citron. « Alfredo Scali, cette fille parle le français et elle t'a souri. Peut-être qu'elle pourrait trouver ta toile belle, une fois terminée. Peut-être qu'avec elle tu te sentirais moins seul sur cette île. Peut-être même qu'une histoire d'amour te ferait le plus grand bien. » Et je me suis mis à imaginer cette fille allongée sur le sable, un cocktail à la main, tandis que je peignais tranquillement à ses côtés.

« Ose ! Va lui parler ! Sinon, tu vas le regretter et la chercher partout dès demain. Et si tu ne la retrouvais jamais ? Oh ! Et puis allez ! »

J'ai couru sur ses traces tel un idiot, mes pinceaux à la main, et je l'ai interpellée :

— S'il vous plaît ? Excusez-moi…

Elle s'est retournée. Elle avait de jolis yeux bleu clair.

— Oui ?

— Euh… Vous êtes au téléphone, là, et je vous ai entendue parler français, alors… Je voulais juste vous dire quelques mots parce que… en fait… si je ne venais pas vers vous ainsi, super maladroitement je le reconnais, eh bien…, ai-je bredouillé.

— Oui ? a-t-elle répété en souriant.

Je suis resté comme un con à la fixer sous mon chapeau havane. J'avais honte. Mais j'avais osé. Et c'était bien ainsi.

— Je te rappelle plus tard, maman, a-t-elle dit dans son téléphone.

Puis, se tournant vers moi :

— On se dit « tu » ? Tu peins, je peux voir ?

— Bien sûr, oui.

— Je m'appelle Doriane. Et toi ?

— Alfredo.

— Tu es ici depuis longtemps ?

— Un mois.

Nous nous sommes dirigés vers ma toile posée sur son chevalet, tel un trophée sur son piédestal.

— Ce n'est pas vraiment terminé…, a-t-elle fait remarquer. Mais c'est beau, Alfredo. Très beau, a-t-elle insisté après l'avoir considérée avec attention.

J'ai eu le cœur secoué comme un cerisier.

Nous avons marché sur la plage, rafraîchissant nos pieds dans la mer quand la chaleur du sable devenait insupportable. Nous nous sommes un peu raconté nos vies. Doriane avait cette douceur qui n'est pas de la fragilité, mais une véritable lumière intérieure. En l'écoutant, je songeais que rien n'était pire en amour qu'un heureux moment que l'on pense durable et qui fond comme neige au soleil. Comme ça avait été le cas avec Céleste – jolis moments, tendres instants, jours de passion et puis s'en vont… J'ai senti qu'avec Doriane nous étions pareils, nous avions tous deux connu des accidents sentimentaux, nous avions cru à des mirages, nous étions des naufragés… Je lui ai proposé d'aller se baigner. Dans l'eau soyeuse, nous nous sommes regardés sans un mot, profitant de ce délicieux moment parmi les poissons multicolores. Puis, côte à côte sur le sable, nous avons séché au soleil. Dans un silence serein, j'observais Doriane, et je la trouvais belle. Quelque chose dans ses yeux me plaisait, une forme de constance rassurante, un mélange de vigueur et de délicatesse. Elle avait un visage gracieux, des pommettes hautes et hâlées, quelques taches de rousseur, de fins et longs cheveux blonds, une poitrine voluptueuse. Cette fille-là était faite pour moi.

Plus tard, nous avons encore marché le long de la plage. Naturellement, j'ai pris sa main et elle me l'a laissée.

Un petit bar est apparu devant nous. On s'y est installés pour boire un cocktail glacé. Elle m'a confié qu'elle venait d'avoir un chagrin d'amour ; elle avait mis entre parenthèses ses études de biologie à Lyon pour le moment. Elle avait débarqué à San Pedro pour faire le vide et logeait chez une cousine qui vivait ici.

Je lui ai parlé de moi tout aussi ouvertement.

— C'est courageux d'avoir tout quitté comme ça, pour peindre ! m'a-t-elle lancé.

— Tu trouves ?

— Moi, j'ai eu beaucoup de mal avant de prendre ma décision. Mais il fallait que j'ouvre la fenêtre et que je parte, loin, loin…

Son regard bleu clair se perdait à l'horizon.

Le mot « fenêtre » m'a fait penser à Casimir.

— On est quel jour ? Mercredi ?

— Oui, a-t-elle répondu, un peu surprise.

— Il faut que je fasse une blague à un pote.

J'ai sorti mon téléphone portable. Là-bas vers l'ouest, le soleil déclinait et des traînées roses déchiraient le ciel. Casimir devait être chez lui. Avant de composer son numéro, j'ai demandé à Doriane :

— Tu dînes avec moi ce soir ? Je te montrerai mes peintures.

— D'accord !

Ses yeux brillaient.

Quelque chose était en train de se passer dans ma vie, je l'éprouvais au plus profond de moi. J'étais comme sorti d'une torpeur qui m'avait empêché jusque-là de m'émanciper. À présent, j'avançais sans culpabilité, mes doutes se dissipaient. Et cette liberté nouvelle avait le parfum d'une renaissance.

J'ai inspiré l'air marin. Doriane, les lèvres sur la paille, sirotait son cocktail en m'observant. Dans son regard un message est passé, qui disait : « Tu ne me laisses pas insensible. »

« Tu gagnes en assurance, Alfredo Scali ! Tu dois avoir l'air moins inquiet. Et maintenant, ça se voit. »

Casimir a décroché.

— Allô, oui ?

J'ai pris un accent du Midi.

— Casimir Limsky ?

— Ça dépend.

— Je vous appelle afin de vous proposer une offre exceptionnelle de fenêtre à double ouverture.

Après un petit silence, Casimir a soupiré à l'autre bout du fil.

— Oh ! Nooooon ! Putain ! Vous m'avez eu.

J'ai raccroché, posé mon Smartphone, puis je me suis levé et j'ai couru vers la mer. Doriane m'a suivi et nous avons plongé dans l'immense bleu de l'eau cristalline.

Épilogue

Les années avaient passé. J'étais de retour, Schmidt venait d'avoir douze ans, et il était temps, selon mon père, de célébrer sa Bat Mitsva. Le matin du grand jour, mon père m'a appelé en catastrophe : Schmidt refusait d'assister à sa Bat Mitsva, et voulait divorcer de Baba Sanga. J'ai aussitôt rappliqué au zoo.

Vêtue d'un smoking en jean, Schmidt s'était réfugiée dans une branche d'acacia. Mon père tentait de la faire descendre en l'amadouant avec des beignets à la pistache, mais rien n'y faisait. L'objet de la discorde, c'était Starsky. Le fils de Schmidt et Baba Sanga. Un capucin au pelage noir, tout mignon mais particulièrement fougueux. Baba Sanga boudait dans un coin, dépassé par les bêtises du petit, ce qui mettait Schmidt hors d'elle : elle couvait son fils comme une mère juive.

J'ai réussi à la faire descendre de l'arbre, l'ai prise dans mes bras et l'ai emmenée à la cérémonie. Nous lui avions organisé une grande fête sur le gazon défraîchi non loin du coin des dromadaires. Tout le monde formait une ronde autour du plaid rose de Schmidt, recouvert d'amuse-gueules, de pâtisseries faites par ma mère et de blinis au saumon offerts par Casimir. Au centre trônait une immense pièce montée à la pistache. Je suis arrivé en tenant par la main Schmidt, qui elle-même traînait Starsky, coiffé de la kippa bleu marine de mon père. En nous voyant, tous ont applaudi :

— *Mazel tov !*

Quand Schmidt a aperçu Daisy dans sa chaise roulante, vêtue d'une robe hawaïenne, elle a sauté sur ses genoux et a frotté son nez contre le sien.

— Ma chérie d'amour ! s'est exclamée Daisy en caressant son petit crâne.

Starsky s'est approché de Daisy et l'a observée un moment en clignant des yeux, avant de disparaître entre les jambes des invités. Ma mère virevoltait au milieu des convives avec ses gâteaux. J'ai retrouvé Casimir et Serge, flanqués chacun d'une nouvelle nana, suivis de Nassim et Youssef. « On mange les animaux, on porte des blousons en cuir, mais on ne pense jamais à leur organiser des fêtes. *Wallah !* L'idée de Luciano, je l'estime ! » a dit Youssef.

Le rabbin Meyer s'est approché de moi.

— Alfredo ! Tu vois que ça marche...

Je l'ai pris dans mes bras.

— Tu as bien réussi, tu es devenu un peintre connu, à ce qu'on dit. Tu vois, j'avais raison : ça marche.

— Mais... qu'est-ce qui marche ?

Le rabbin Meyer a posé sa main sur la mienne :

— Le travail. Pourvu qu'il soit accompagné d'une bénédiction.

Serge fumait son quatrième joint en croquant la scène. Sahani, dont les affaires ne marchaient pas fort ces temps-ci, fixait Schmidt de ses yeux globuleux en murmurant :

— L'enkilé…

Mon père causait avec les uns et les autres en portant à l'épaule son perroquet bien-aimé : une amazone nommée Brigand, qui répétait en boucle : « Bande de salopards, bande de salopards ! Je suis libre ! Je suis libre ! » Daisy tenait la jambe du rabbin Meyer pour qu'il bénisse Schmidt et Starsky, en hurlant « Dieu aime autant les animaux que les hommes ! » ; mais le rabbin faisait mine de ne pas entendre.

Starsky ne tenait pas en place et Schmidt ne cessait de lui courir après ; parfois, elle s'interrompait pour esquisser un pas de danse sur de la musique klezmer. Jusqu'au moment où Starsky s'est roulé avec allégresse dans la pièce montée.

C'est alors que les premières notes de *No woman no cry* ont retenti. Kojak, l'infirmier en charge de Daisy, un Noir, chauve comme un kiwi, a annoncé au micro :

— Mesdames, messieurs, je vous présente Daisy et son orchestre !

Derrière elle, le chœur des vieux de la maison de retraite a entonné la chanson de Bob Marley. Schmidt, émue, s'est caché les yeux avec les mains pendant que Starsky, couvert de crème à la pistache, gambadait dans l'herbe.

— C'est pour toi, Schmidt ! a lancé Daisy.

Confettis et dragées ont volé dans les airs. Doriane, avec son ventre rond, s'est approchée de moi. Et, au rythme du tambour sur lequel tapotait l'un des membres du chœur, Daisy s'est déhanchée sur sa chaise. Sa voix s'est élevée au-dessus de la foule. Elle accompagnait le groupe d'une tessiture suave et rocailleuse que je ne lui connaissais pas. J'ai hurlé : « Mamie, je t'aime ! », tout en me disant en moi-même : « Alfredo Scali, rien – ni l'âge, ni la fatigue, ni la maladie, ni les innombrables obstacles qui se dressent sur notre route –, rien de rien ne devrait nous empêcher d'être nous-mêmes, et de réaliser nos rêves. »

Bertrand Bubard
Conseiller Pôle Emploi
188, avenue Jean-Lolive
93 500 PANTIN

Pantin, le 30/05/2022

Cher Alfredo,

Vous souvenez-vous de moi ? J'ai gardé toutes vos lettres. Et un jour, en rangeant mon bureau, je les ai lues. J'ai suivi vos conseils.

J'ai acheté un poisson d'aquarium et un chien : il s'appelle Modigliani. J'ai nettoyé mes lunettes tous les jours et j'ai même pris des cours de disco. Je suis parti avec ma femme à Acapulco, elle a préféré Rome, mais elle a bien bronzé à Acapulco.

Ma vie a changé. Je n'ai plus peur de lire mon courrier. J'essaie d'écouter les autres, pour les aiguiller vers des métiers qui leur correspondent. Ma femme ne me regarde plus du même œil : je crois qu'elle me trouve sexy.

Je suis devenu moi-même. Grâce à vous.

Merci.

Si, toutefois, vous recherchiez toujours un emploi, j'ai une belle offre avec perspective d'évolution dans la charcuterie.

Bien amicalement,

Bertrand Bubard

Remerciements

Un soir, au Drugstore des Champs-Élysées, j'ai demandé au responsable du rayon livres s'il pouvait me conseiller un roman qui comporterait une dose d'humour, de folie, d'émotion, d'originalité et qui soit en prise sur son temps. Je dois dire que je lui avais posé la question comme on s'enquiert des ingrédients qui composent une salade auprès d'un serveur.

Le libraire a réfléchi un moment avant de me dire :

— Franchement, je ne vois pas... Ce livre, vous n'avez qu'à l'écrire !

Je suis rentré chez moi et j'ai commencé à écrire.

Qu'il soit ici remercié.

Je remercie aussi Sophie Bagur pour sa gentillesse, sa patience et sa générosité.

Merci également à Karina Hocine et à Charlotte von Essen pour cette belle aventure colorée.

Merci à Élise & Hypo, Tom Noti, Virginie Vagne, fidèles parmi les fidèles.

Enfin, je remercie mon agent Olivier Rubinstein pour la jolie route à faire ensemble.

CET OUVRAGE A ÉTÉ COMPOSÉ PAR PCA
POUR LE COMPTE DES ÉDITIONS J.-C. LATTÈS
17, RUE JACOB, 75006 PARIS
ET ACHEVÉ D'IMPRIMER
PAR CPI BRODARD ET TAUPIN
EN NOVEMBRE 2018

PAPIER À BASE DE FIBRES CERTIFIÉES

JC Lattès s'engage pour l'environnement en réduisant l'empreinte carbone de ses livres. Celle de cet exemplaire est de :
660 g éq. CO_2
Rendez-vous sur www.jclattes-durable.fr

N° d'édition : 01 – N° d'impression : 3031681
Dépôt légal : janvier 2019
Imprimé en France